DIE DEUTSCHE REITLEHRE
DAS PFERD

Die Deutsche Reitlehre

DAS PFERD

Entwicklungsgeschichte • Haltung • Ausbildung

FNverlag
der Deutschen
Reiterlichen Vereinigung
GmbH

Impressum

Die Deutsche Bibliothek – CIP-Einheitsaufnahme
Die deutsche Reitlehre - das Pferd / Hrsg.: Deutsche Reiterliche Vereinigung - Warendorf: FN-Verl. der Dt. Reiterlichen Vereinigung, 2002
ISBN 3-88542-335-9

Herausgeber:
Deutsche Reiterliche Vereinigung e.V. – Bereich Sport – Bundesverband für Pferdesport und Pferdezucht, Fédération Equestre Nationale (FN), Warendorf.

1. Auflage 2002

Texte:
Dr. Michael Düe, Warendorf; Dr. Klaus Miesner, Warendorf; Susanne Miesner, Warendorf; Martin Plewa, Warendorf; Michael Putz, Erlangen-Buckenhof; Dr. Catharina Veltjens-Otto-Erley, Warendorf;

Zitate:
S.13 Fredy Knie, S. 34 Dr. Thomas Nissen, S. 64 Dr. Lutz Ahlswede, S. 87 Maria Günther, S. 96 Manfred Lopp, S.107 Christoph Hess, S. 109 Hubertus Schmidt, S. 123 Kurt Gravemeier, S. 144, Isabell Werth;

Beratung:
Abteilung Ausbildung der Deutschen Reiterlichen Vereinigung e.V. (FN) und Arbeitskreis Richtlinien

Lektorat:
Susanne Miesner, Warendorf
Dr. Catharina Veltjens-Otto-Erley, Warendorf

Korrektorat:
Stephanie Vennemeyer, Ahlen

Zeichnungen:
Seiten 24, 25, 26, 29, 30, 31, 37, 39, 41, 53, 67, 73, 92, 93, 94, 97, 98, 99, 100, 110, 111, 112, 115, 117, 126, 128, 132 und 136 entnommen aus den Richtlinien für Reiten und Fahren Band 1 – „Grundausbildung für Reiter und Pferd" und Band 4 – „Haltung, Fütterung, Gesundheit und Zucht" sowie „Anatomie des Pferdes" von Prof. Dr. Bodo Hertsch, **FN***verlag* Warendorf.
Seite 13, mit freundlicher Genehmigung entnommen aus „Linder Biologie", Schroedel Verlag, Hamburg.
H. Schäfer, Seite 12, mit freundlicher Genehmigung entnommen aus „Messel – ein Schaufenster in die Geschichte der Erde und des Lebens", Verlag Waldemar Kramer, Frankfurt a.M.

Tabellen:
Seiten 55, 56 und 61, entnommen aus den Richtlinien für Reiten und Fahren Band 4 – „Haltung, Fütterung, Gesundheit und Zucht", **FN***verlag* Warendorf.
Seite 62, entnommen aus „Pferdefütterung" (4. erw. und aktualisierte Auflage) von H. Meyer und M. Coenen, Parey Buchverlag, Berlin.

Fotos:
Adelheit Borchardt, Warendorf: Seiten 67 o. (2), 68, 69, 70, 71 (2), 72 (2), 73 o., 74 m., 76, 78, 79, 80 u., 83, 84
Bernd Eylers, Hude: Seite 33 oben
Foto Kaup, Warendorf: S. 139 o.
Mawe Bilderdienst, Brohl-Luetzing: S. 139 u.
Photec Pferdebildagentur, Wiesloch: S. 141
Peter Prohn, Barmstedt: Seiten 16, 18, 20, 46, 47 (2), 48 (2), 49 (3), 51 (3), 54 (3), 56, 57, 59 (2), 60, 61, 62, 63 m. (2), 66, 67 u., 73 u., 74 u., 75 (2), 77 (2), 80 o., 82 (3),
Marianne Schwöbel, Rehburg-Loccum: Seite 44
Thoms Lehmann, Warendorf: Seiten 14, 15 (2), 17 (2), 19, 32 (2), 33 u., 34 (2), 35 (3), 36 (2), 37, 40, 41, 42 (2), 58, 63 u., 87, 88 (2), 89, 90, 92 (2), 93, 95, 97, 98, 99, 103, 104, 105, 106, 107, 108, 109, 112, 113, 116 (2), 118 (2), 119 (2), 120, 121 (2), 122, 123 (2), 124, 125, 126, 127, 129, 130, 131 (2), 132, 133, 134 (2), 135 (2),
Uwe Lukas, Warendorf: Seite 42 oben
Privat: Seite 143

Fotos Zitate:
Werner Ernst, Ganderkesee: Seite 34
Jacques Toffi, Hamburg: Seite 144
Privat: Seite 13, 64, 87, 96, 109
Archiv FN: Seite 107, 123

Litho:
Scanlight, Marienfeld, mf graphics, Gütersloh

Layout und Gesamtgestaltung:
mf graphics, Marianne Fietzeck, Gütersloh

Digitale Bogenmontage, Druck und Verarbeitung:
NEUE STALLING, Oldenburg

ISBN 3-88542-335-9

Inhalt

Vorwort

Eine Stimme muss erhoben werden, eine Stimme für die Pferde! – Denn wenn im ersten Band dieser Reitlehre die Schulung des Menschen im Vordergrund stand, wenn die unendlich vielen Einzelheiten handwerklichen Könnens gelehrt wurden, muss nun von der Voraussetzung für all dies die Rede sein: Vom Wissen um das Pferd und seine Geschichte, von seinen Lebensnotwendigkeiten, seiner Natur und Konstitution und nicht zuletzt von der Entwicklung des Gespürs für die Gefühlswelt dieses Tieres, das zum Dienst für den Menschen so sehr bereit scheint, augenscheinlich gegen seine Natur als frei lebendes Fluchttier.

Das Fundament aber für das alles, der erste und wichtigste Grundsatz, ist die Forderung, dass man ein Pferd verstehen lernen muss, um sich mit ihm verständigen zu können. Der psychische Kontakt zwischen Mensch und Tier ist die wesentliche Voraussetzung für die Ausbildung eines Reitpferdes. Mangelt es daran, kann der Mensch das Pferd nicht erziehen, sondern höchstens unterwerfen. Und ein unterworfenes Tier wird immer ein aufsässiger Knecht sein.

Eine Stimme muss erhoben werden für die Pferde! – Denn die meisten Missverständnisse zwischen Reiter und Pferd beruhen auf einer menschlichen Eigenschaft: Den eigenen Schwächen nachzugeben, dem Partner unter dem Sattel aber keine Schwäche zugestehen. Wie viel ritterlicher, reiterlicher aber wäre es ein körperliches oder psychisches „Tief" des Pferdes zu erfühlen und dann trösten statt zu tadeln. Und das ist nicht etwa eine sentimentale Anwandlung! Wie viel enger könnte auf diesem freundlichen Wege der Kontakt zwischen Mensch und Tier werden.

Das heißt nicht, dass jede Auseinandersetzung immer vermieden werden muss. Jedes Pferd kennt und respektiert eine Rangordnung, und auch der Mensch muss sich seinen Rang erwerben und ihn weiterhin immer neu behaupten. Das heißt aber nicht, dass dazu immer Gewalt nötig ist. Aber festes, Respekt heischendes Verhalten hat nicht das Geringste mit schlechter Laune zu tun, weil einen das Pferd geärgert hat. Der Umgang mit dem Pferd ist ein gutes Stück Erziehung an sich selbst.

Mensch und Pferd aber müssen gemeinsam die Sprache lernen, die der wortlosen Verständigung zwischen dem Reiter im Sattel und seinem Reittier dient. „Sitz und Einwirkung" des Reiters sind nun einmal das Erste und das Wichtigste, was dem Pferd unter dem Reiter seinen Dienst angenehm – oder qualvoll werden lässt. Die Signale des Reiters, die wir „Hilfen" nennen, helfen oft so wenig, weil das Pferd sie als Fremdeinwirkung empfinden muss, und damit als Zeichen der Macht, als „Befehle". Erst wenn diese Zeichen aus dem elastischen, unabhängigen Sitz heraus sich so in den Bewegungsablauf einfügen, dass die Reaktionen des Pferdes instinktiv erfolgen, wenn sie das Pferd so dirigieren, als erfolge der Impuls aus dem Pferd selbst, erst dann kann man von „Hilfen" sprechen. Und so sind denn „Sitz und Einwirkung" nach wie vor die wichtigsten Kriterien zur Beurteilung der Qualität der Reiterei.

Tatsächlich: Das Buch, das sich mit dem Pferd und seiner Ausbildung befasst, stellt zuerst und vor allem Forderungen an den Menschen. Pferdeliebe und Passion sind aus jenen Zeiten gewachsen, in denen Menschen ohne Pferde nicht leben konnten, herüber in eine Zeit, in der wir ihrer nicht mehr bedürfen. Aber wir wollen ja ein altes, wertvolles Kulturgut nicht entbehren, und wir wollen von der Hoffnung nicht lassen, dass Pferde auch in der Zukunft ihre alte Aufgabe erfüllen werden: Menschen in eine Schule zu nehmen, wenn sie sie zu Reitern machen.
Denn: Pferde sind für die Menschen geschaffen – so wie die Welt!
Nicht dass er sie tadellos anbete oder gewaltsam unterjoche. – Sondern, dass er ihre Kräfte entfalte, sie bändige und ordne – sie zu sich selbst bringe.

Darum muss eine Stimme für die Pferde erhoben werden: Sie waren den Menschen seit jeher vorzügliche Lehrmeister!

Hans-Heinrich Isenbart
im Januar 2002

„Die ethischen Grundsätze des Pferdefreundes"

1. *Wer auch immer sich mit dem Pferd beschäftigt, übernimmt die Verantwortung für das ihm anvertraute Lebewesen.*

2. *Die Haltung des Pferdes muss seinen natürlichen Bedürfnissen angepasst sein.*

3. *Der physischen wie psychischen Gesundheit des Pferdes ist unabhängig von seiner Nutzung oberste Bedeutung einzuräumen.*

4. *Der Mensch hat jedes Pferd gleich zu achten, unabhängig von dessen Rasse, Alter und Geschlecht sowie Einsatz in Zucht, Freizeit oder Sport.*

5. *Das Wissen um die Geschichte des Pferdes, um seine Bedürfnisse sowie die Kenntnisse im Umgang mit dem Pferd sind kulturgeschichtliche Güter. Diese gilt es zu wahren und zu vermitteln und nachfolgenden Generationen zu überliefern.*

6. *Der Umgang mit dem Pferd hat eine persönlichkeitsprägende Bedeutung gerade für junge Menschen. Diese Bedeutung ist stets zu beachten und zu fördern.*

7. *Der Mensch, der gemeinsam mit dem Pferd Sport betreibt, hat sich und das ihm anvertraute Pferd einer Ausbildung zu unterziehen. Ziel jeder Ausbildung ist die größtmögliche Harmonie zwischen Mensch und Pferd.*

8. *Die Nutzung des Pferdes im Leistungs- sowie im allgemeinen Reit-, Fahr- und Voltigiersport muss sich an seiner Veranlagung, seinem Leistungsvermögen und seiner Leistungsbereitschaft orientieren.*
   Die Beeinflussung des Leistungsvermögens durch medikamentöse sowie nicht pferdegerechte Einwirkung des Menschen ist abzulehnen und muss geahndet werden.

9. *Die Verantwortung des Menschen für das ihm anvertraute Pferd erstreckt sich auch auf das Lebensende des Pferdes. Dieser Verantwortung muss der Mensch stets im Sinne des Pferdes gerecht werden.*

Zu diesem Thema kann die Broschüre „Die ethischen Grundsätze des Pferdefreundes" mit ausführlichen Erläuterungen kostenlos bei der Deutschen Reiterlichen Vereinigung e.V. (FN), Warendorf, Telefon(0 25 81) 63 62-0, angefordert werden.

Für Kinder sind die ethischen Grundsätze in Form eines großen farbigen Wandposters in kindgemäßer Aufmachung von Text und Bild ebenfalls über die Abteilung Öffentlichkeitsarbeit der FN erhältlich!

KAPITEL 1

Entwicklungsgeschichte und Verhalten des Pferdes

1. Entwicklungsgeschichte des Pferdes

1.1 Entwicklungsgeschichte des Pferdes

Das Pferd hat sich, wie jede Tierart, im Laufe der Entwicklungsgeschichte durch natürliche Selektion an bestimmte Lebensräume angepasst.

Die Zuchtauswahl betrieb in diesem Falle die Natur; nur wer sich anpassen konnte, überlebte. Im Haustierstand änderte sich das. Der Mensch betreibt Zuchtauswahl auf seine Leistungsziele hin und verändert die Wildart. Dennoch ist zum Verständnis jeder Haustierrasse die Kenntnis der Wildart unerlässlich, weil diese gewissermaßen das „Grundmaterial" darstellt, auf dem der Mensch aufbaut. Der Mensch, der das Pferd nutzen will, muss das Pferdeverhalten kennen, um das Pferd richtig zu behandeln. Er muss das Verhalten auch kennen, wenn er die Lebensansprüche des Pferdes zufriedenstellend erfüllen will.

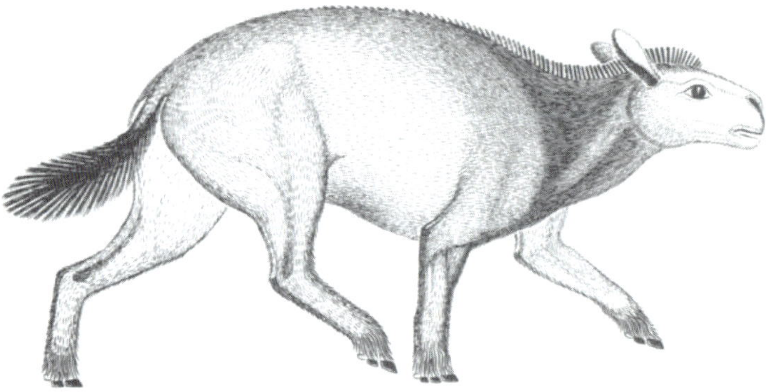

Kleinere Urpferdchenart, nach Funden in der Grube Messel.

Der älteste bekannte Vorläufer des Pferdes ist der Eohippus, das Pferd des Eozäns. Es lebte vor ca. 60 Mill. Jahren, war etwa 25 bis 45 cm groß, hatte einen vierzehigen Vorderfuß, einen dreizehigen Hinterfuß und das Gebiss eines Laubfressers.

In den folgenden Entwicklungsstufen, die Millionen Jahre dauerten, wurden die Tiere allmählich größer und entwickelten sich vom Wald- zum Steppentier. Die Nahrungsumstellung von Blättern auf die härteren Gräser führte zu einer Veränderung des Gebisses.

Der Wechsel des Lebensraumes vom Wald zur Steppe machte sowohl Wanderungen zur Nahrungssuche als auch die Fähigkeit, mit großer Geschwindigkeit vor Feinden fliehen zu können, erforderlich. So entstand ein hochspezialisiertes Lauf- und Fluchttier, das nur noch mit der mittleren behornten Zehe den Boden berührte, dem Huf. Deshalb nennt man die pferdeartigen Tiere (Equiden) auch Einhufer (Einzeher). Dazu gehören die echten Pferde, die Zebras, die Esel und die Halbesel.

Schneller, ausdauernder Lauf erfordert eine gute Durchblutung der Muskeln und daher viel Sauerstoff, weshalb sich Atmung und Kreislauf der Pferde auch auf diese Anforderungen eingestellt haben. Ebenso stieg die Überlebenschance vor dem Feind durch die Entwicklung hochsensibler Sinnesorgane für Sehen, Hören und Riechen.
Ein weiterer Aspekt der Arterhaltung ist eine ausgeprägte Rollenverteilung im Herdenverband. Daraus resultiert die Entwicklung eines immer weiter verfeinerten Sozialverhaltens und des Herdentriebs.

Merke:

Das Pferd ist ein hochspezialisiertes, herdenlebendes Lauf- und Fluchttier. In Einzelhaltung, getrennt von den Artgenossen sowie bei nicht ausreichender Bewegung fühlt es sich nicht wohl.

Fredy Knie, Direktor vom Schweizer Nationalzirkus Knie

„Echte Übereinstimmung zwischen Pferd und Reiter kommt nicht vom Ja-Sagen, sondern resultiert aus einer ehrlichen Auseinandersetzung zweier Individuen. Die Regeln des Miteinanders werden bestimmt durch die Gesetze der Pferdepsyche. Das Pferd kann unsere Sprache nicht lernen, also müssen wir uns bemühen, seine Sprache zu lernen, unser Pferd zu verstehen."

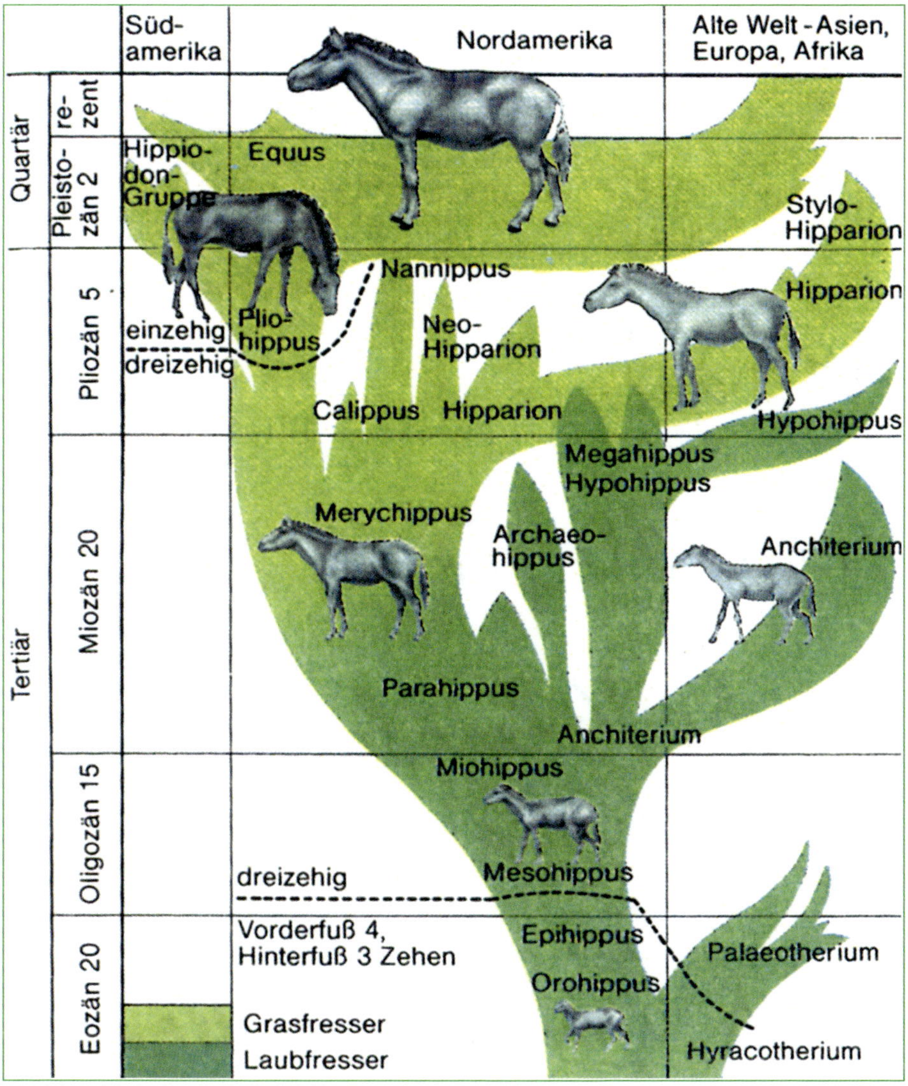

Evolution des Pferdes (räumliche und erdgeschichtliche Entfaltung des Pferdestammes)

1.2 Verhaltensbiologie des Pferdes

Die Entwicklungsgeschichte des Pferdes ist als ein Prozess andauernder Auseinandersetzung mit der Umwelt anzusehen. Diese Auseinandersetzung dauert auch fort, seit der Mensch das Pferd hält und für seine Zwecke nutzt. Der Mensch hat für das Pferd eine künstliche Umwelt geschaffen, und er hat das Pferd durch seine Praktiken in der Zuchtwahl verändert, sprich domestiziert.

Merke:

Weil der Mensch die Verantwortung für das Pferd übernommen hat, muss er Bedingungen schaffen, die dem Pferd die Erfüllung seiner Lebensbedürfnisse und die Vermeidung von Schaden ermöglichen.

Dennoch hat das Pferd die Grundeigenschaften seiner Art behalten und zeigt ganz bestimmte Lebensbedürfnisse.

Futteraufnahme

Das Pferd ist als Pflanzenfresser den Hauptteil des Tages mit der Futteraufnahme beschäftigt (Dauerfresser; bei extensiver Haltung 16 Stunden täglich, z.B. in der Camargue). Sich selbst überlassen legt es häufig kurze Ruhepausen ein. Seinem Verdauungsapparat entsprechend muss es viel Ballastfutter aufnehmen. Es frisst als Weidetier im engen Verband, ist aber bestrebt, gemäß dem jeweiligen sozialen Rang individuelle Abstände einzuhalten.

Das Futter muss nicht nur den Anforderungen des Pferdes genügen, sondern muss auch ohne Mühe aufgenommen werden können.

Die Hauptfortbewegungsart bei der Futteraufnahme ist der gemächliche Schritt.

Erkundungs- und Meideverhalten

Neben der Bedarfsdeckung zeigt jedes Tier zwecks Selbsterhaltung ein seiner Art entsprechendes Verhalten, um Stoffe, Reize und räumliche Strukturen zu meiden, die für schädlich gehalten werden. Die Wahrnehmung möglicher Gefahren steht beim hochspezialisierten Fluchttier Pferd besonders stark im Vordergrund.

Unbekannte Objekte werden, wenn möglich, weiträumig und im Bogen umgangen. Die Tiere versuchen, Witterung von der Gefahrenquelle zu erlangen. Alle Sinne werden aufs höchste angespannt. Droht wirklich Gefahr, schließt die Gruppe dicht auf und galoppiert weg, bis der Abstand

Merke:

Pferde aufgrund von Schreckreak tionen (so genann tem Meideverhalten) oder wegen Scheuens zu strafen ist falsch, verstärkt nur dere Angst und Verspa nung und wirkt de Vertrauensbildun entgegen.

Das Pferd frisst als Weidetier im engen Verband – wobei gemäß dem jeweiligen sozialen Rang individuelle Abstände eingehalten werden.

Fohlen ruhen inmitten der Herde

groß genug erscheint. Häufig erfolgt die Flucht auf einem Trampelpfad, der besondere Sicherheit verspricht. Im Wald sind Pferde besonders vorsichtig, weil dort Gefahren schwieriger zu erkennen sind. Dieses angespannt-schreckhafte Reagieren von Pferden muss immer berücksichtigt werden, insbesondere bei der Ausbildung.

Sozialleben in der Herde

Das einzelne Fluchttier findet seine Sicherheit innerhalb des sozialen Verbandes. Ruhen inmitten der sozialen Gruppe ist für Pferde besonders entspannend, weil immer einer der Artgenossen aufpasst.
Fohlen liegen behütet inmitten der Herde. An insektenreichen windstillen Tagen dient der Schweif als Ventilator und Fliegenwedel zugleich. Das gegenseitige Fellkraulen dient der sozialen Hautpflege und auch dem Abbau sozialer Scheu. Dabei werden die Ohren seitab gestellt, die Nüstern sind eingekniffen, damit kein Staub eindringt (Putzgesicht).

Pferde fühlen sich nur sicher in der Gesellschaft von Artgenossen oder anderer Lebewesen, die sie als Partner akzeptieren. So erfolgt z.B. bei naturnaher Haltung ein Ortswechsel meist im engen Verband; als es noch Fressfeinde gab, war dieses Verhalten lebenserhaltend.

Merke:

Einem Pferd außerhalb eines Gruppenverbandes Sicherheit zu vermitteln bedarf ständiger, geduldiger Zuwendung.

Fellkraulen

Ausscheidungsverhalten

Infolge der Fernwanderungen zur Nahrungssuche haben sich bei Pferden keine Verhaltensweisen zur Meidung des eigenen Kotes oder Harnes entwickelt. Dem ist bei der Pferdehaltung Rechnung zu tragen. Kot wird überall abgesetzt, Harn hingegen nur auf Flächen, bei denen dieser nicht an den Beinen hochspritzt. So sind z.B. längere Transporte ohne Einstreu zu vermeiden.

Werden Hengste in Gruppen gehalten oder befinden sie sich in benachbarten Koppeln, hat der Kot soziale Bedeutung. Im ersten Fall wird er im Sinne sozialer Demonstration auf dem Kot des Herdengenossen abgesetzt, im zweiten Fall werden an der nachbarlichen Grenze auffällige „Kotbollwerke" errichtet. Deckhengste in Stutenherden sind intensiv bemüht, Stellen von Stutenharn mit ihrem eigenen Harn zu markieren.

Fortpflanzungsverhalten

Im arttypischen Sozialverband in naturnaher Umgebung lebt der Hengst in der Regel mit einer mehr oder minder großen Stutengruppe zusammen. Die Anzahl der Stuten hängt von der Fähigkeit des Hengstes ab, Rivalen fernhalten zu können. Mit Beginn des zweiten oder dritten Lebensjahres verjagt er Hengstfohlen, die dann ein Junghengstrudel bilden. Die Gestütspraxis, Hengst- oder Stutfohlenjahrgänge getrennt zu halten, entspricht also dem arttypischen Verhalten. Allerdings ist es tierschutzwidrig, Fohlen einzeln aufzuziehen, sei es auch mit der Mutter zusammen. Es ist für das spätere Leben des Fohlens unabdingbar nötig, im Sozialverband aufzuwachsen, um die Grundregeln der sozialen Einordnung zu erlernen. Zwar ist das Sozialverhalten angeboren, dennoch müssen die entsprechenden Strategien geübt werden können.

Die Paarung erfolgt im engen Herdenverband. Über Stunden hält sich der Hengst in der Nähe der rossigen Stute auf und deckt sie mehrmals. Die Trächtigkeit dauert im Mittel 340 Tage bei erheblicher Schwankungsbreite. In naturnaher Umgebung fohlen die Stuten in der Regel inmitten des Herdenverbandes und zwar überwiegend bei Nacht. Unter einengenden Haltungsbedingungen, vor allem in Einzelboxen, kann die Stute den Zeitpunkt der Geburt erheblich verzögern, wenn sie sich beunruhigt oder beobachtet fühlt.

Schon innerhalb der ersten Lebensstunde erhebt sich das Fohlen und sucht das mütterliche Euter. Es ist dann auch schon in der Lage, der Mutter zu folgen; wenn es sein muss, auch in schnellerer Gangart. Innerhalb der ersten Stunden erfolgt die so lebenswichtige Prägung zwischen Mutter und Fohlen. Die anfängliche Saugfrequenz von vier- bis siebenmal je Stunde reduziert sich bis zur 6. Lebenswoche auf zweimal je Stunde. Das vom Menschen unbeeinflusste Absetzen des Fohlens erfolgt nach 9 bis 11 Monaten. Schon im Alter von wenigen Wochen bilden die Fohlen Spielgemeinschaften, die für das Training von Körper und Verhalten unerlässlich sind.

Innerhalb der ersten Lebensstunden sucht das Fohlen das mütterliche Euter.

Ausdrucksverhalten und Kommunikation

Das Ausdrucksverhalten der Pferde richtig zu deuten ist eine besonders schwierige Aufgabe, die nur demjenigen gelingt, der sich intensiv mit dem ihm anvertrauten Pferd auseinander setzt, es also beobachtet und einschätzen lernt. Pferde zeigen sowohl aufgrund ihres Ranges in der Herde als auch aufgrund ihres Geschlechts unterschiedliche Ausdrucksmerkmale, die es richtig zu deuten gilt. Das Ausdrucksverhalten beinhaltet Gesichtsausdruck, Lautäußerungen, Körperhaltung (z.B. Schweifhaltung) und Form der Fortbewegung.

Gesichtsausdruck

- Ungerichtet: Dösen, Gähnen, Flehmen, Rossigkeitsgesicht.
- Gerichtet: Unterlegenheitsgebärde des nicht erwachsenen Pferdes, Putzgesicht bei der sozialen Hautpflege, Drohgesicht, Schmerzgesicht.

Gähnen

Akustisches Ausdrucksverhalten

- Wiehern,
- Stöhnen,
- Blasen,
- Schnauben,
- Quieken oder Quietschen.

Körperhaltungen

- Die Palette reicht von absoluter Entspannung (Ruhestellung) bis zur höchsten Anspannung (Achtungstellung).

Erkundungsgesicht, Ohren nach vorn

Fortbewegung als Ausdrucksverhalten

- Hengst gegenüber Stuten: Imponiertrab, Umkreisen einer Stutengruppe, Treiben von Einzeltieren zur Gruppe hin, Nick-Droh-Treiben.
- Hengst gegenüber Hengsten: Steigen, Beißen und Schlagen mit der Vorhand, begleitet von Wiehern, Schreien, Grunzen und Trompeten.
- Stuten gegenüber Stuten: Anlegen der Ohren, Beißen, Schlagen mit der Hinterhand.

Das Pferd droht mit angelegten Ohren.

- Hengst zur Feindmeidung: Im Gefahrenfalle stellt sich der Hengst zwischen die Gefahrenquelle und die Pferdegruppe und treibt diese weg, falls er die Gefahrenquelle vorher durch Umkreisen als definitiv gefährlich erkannt hat.

Der erfahrene Pferdemann kann die verschiedenen Ausdrucksmerkmale richtig deuten und sich im Umgang, insbesondere mit Hengsten und frei laufenden Pferden, richtig verhalten. Gegenüber dem Menschen verhält sich das Pferd ebenfalls auf unterschiedliche Weise. Es kann dabei von der vertrauensvollen Zuwendung zum Menschen bis hin zu höchster Aggression variieren. Die verschiedenen Stufen der Verhaltensweisen sind nicht nur im Umgang mit dem Pferd am Boden, sondern auch unter dem Sattel zu erkennen. Ihre Kenntnis ist eine wichtige Voraussetzung zur Vermeidung von Unfällen.

1.3 Verhaltensgerechter Umgang mit Pferden

Das Sozialverhalten der Pferde war im Sinne der Überlebenssicherung von besonderer Bedeutung. Daher steht auch der Mensch/Pferdebezug als einer der wichtigsten Faktoren bei der Haltung, Ausbildung und Nutzung dieses Herden- und Fluchttieres im Vordergrund.

Merke:

Jeder, der mit Pferden engen Kontakt hat, muss deren arttypisches angeborenes Verhalten verstehen und im Umgang mit ihnen und bei ihrer Haltung entsprechend berücksichtigen.

Die gesetzliche Grundlage hierfür bildet das Tierschutzgesetz.

Auszug aus dem Tierschutzgesetz (Stand 25.5.98):

§ 1

„Zweck dieses Gesetzes ist es, aus der Verantwortung des Menschen für das Tier als Mitgeschöpf dessen Leben und Wohlbefinden zu schützen. Niemand darf einem Tier ohne vernünftigen Grund Schmerzen, Leiden oder Schäden zufügen."

§ 2

„Wer ein Tier hält, betreut oder zu betreuen hat,
1. muss das Tier seiner Art und seinen Bedürfnissen entsprechend angemessen ernähren, pflegen und verhaltensgerecht unterbringen,
2. darf die Möglichkeit des Tieres zu artgemäßer Bewegung nicht so einschränken, dass ihm Schmerzen oder vermeidbare Leiden oder Schäden zugefügt werden."

§ 3

„Es ist verboten, einem Tier, außer in Notfällen, Leistungen abzuverlangen, denen es wegen seines Zustandes offensichtlich nicht gewachsen ist oder die offensichtlich seine Kräfte übersteigen ..."

Merke:

Merke: Ziel beim Umgang mit dem Pferd muss es sein, dass es den Menschen als ein Lebewesen erkennt, demgegenüber keine schadensvermeidenden Reaktionen erforderlich sind und in dessen Gegenwart es sich, auch in bedrohlich erscheinenden Situationen sicher fühlt. Das nennt man Vertrauen, und das ist die Basis jedes verhaltensgerechten Umgangs mit Pferden.

Vertrauen und Hilfengebung

Unbekanntes löst beim Pferd in der Regel „Meidereaktionen" aus. An fremde Dinge muss das Pferd deshalb langsam und mit sinnvoller Hilfestellung herangeführt und gewöhnt werden. Es ist falsch, in solchen Situationen auf das Pferd gewaltsam einzuwirken.
Gerte oder Peitsche dienen in der Regel als Verlängerung des Armes bzw. beim Reiten als Unterstützung der Hilfen, um sich dem Pferd verständlich zu machen. Sie sind dem Tier zunächst fremd. Also muss es langsam daran gewöhnt werden, damit keine Unsicherheit oder Angst entsteht.

Vertrauensbildung von klein auf

Das Pferd begreift den Menschen als „sozialen Partner", der ranghöher, ranggleich oder rangniederer sein kann oder aber als Feind. Ranggleichheit gegenüber dem Pferd schafft häufige Auseinandersetzungen, Unterlegenheit des Menschen erschwert die Ausbildung, Feindschaft verhindert sie. Der Mensch soll seine ranghöhere Position durch Einfühlung und Zuwendung zum Pferd mittels Wissen, Erfahrung, Bestimmtheit und der notwendigen Konsequenz erreichen. Auch muss der Mensch begreifen, dass ein Pferd in der Regel nur dann „Fehler" macht, wenn es die Hilfen nicht verstanden hat, es abgelenkt oder überfordert ist.

Pferde lernen die Aufgaben und begreifen die vom Menschen geforderten Verhaltensweisen am besten, wenn sie ihre eigene Reaktion mit einer Belohnung (Leckerbissen, Streicheln, lobende Worte usw.) verknüpfen können. Wenn sie etwas „falsch" machen, dürfen sie nicht belohnt werden. Strafen oder Zurechtweisungen als Ausnahmen sind nur im unmittelbaren Zusammenhang mit dem jeweiligen Verhalten wirksam. Sie dürfen keine länger andauernden Schmerzen und keinesfalls Schäden verursachen.

Merke:

Vertrauen ist die Basis jedes verhaltensgerechten Umgangs mit dem Pferd. Hilfengebung wird in Verknüpfung mit Belohnung einer „richtigen" Reaktion am besten verstanden.

Unerwünschtes Verhalten und Verhaltensstörungen

Es gibt Reaktionen bei Pferden, die „normal" und erwünscht sind und Reaktionen, die „nicht normal" und unerwünscht erscheinen. Zur zweiten Kategorie gehören schadensvermeidende Reaktionen im Sinne von Anpassung an die fehlerhafte Einwirkung von Menschen, die im Wesen des Pferdes als hochspezialisiertes Fluchttier begründet sind. Außerdem gibt es echte Verhaltensstörungen, die durch Fehler bei der Haltung oder beim Umgang mit Pferden entstehen.
Sowohl die echten Verhaltensstörungen als auch die schadensvermeidenden Reaktionen sind be-

Koppen mit Aufsetzen am Zaun

dingt durch Fehler in der Haltung, Ausbildung und Nutzung von Pferden. Sie können in den meisten Fällen vermieden werden, wenn sich der Mensch die Reaktion des Pferdes erklären und seine Ursachen abstellen kann. Dazu bedarf es Wissen und Kenntnisse sowie der Bereitschaft, aus Erfahrungen zu lernen. ■

Unerwünschtes Verhalten von Pferden aus der Sicht des Menschen

Echte Verhaltensstörungen	**Schadensvermeidende Reaktion**
■ Koppen	■ Scheuen
■ Barrenwetzen, Gitterbeißen	■ „Bösartigkeit"
■ Schlagen an die Wände	■ Zungenstrecken
■ Exzessives Scharren	■ Stätigkeit = Widersetzlichkeit
■ Weben	• allgemein
■ Fortbewegungsstereotypien	• beim Reiten
■ Sich-nicht-Legen	• beim Fahren

KAPITEL 2

Auswahl des Pferdes

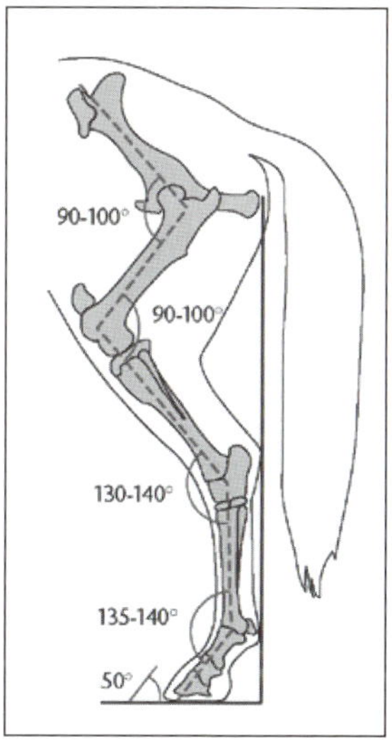

2. Auswahl des Pferdes

Um das richtige Pferd auszuwählen bedarf es einer langjährigen Erfahrung im Umgang mit dem Pferd. Eine vernünftige Selbsteinschätzung gerade in Bezug auf die eigenen Erfahrungen sowie die reiterlichen Fähigkeiten sind unabdingbare Voraussetzung, um die richtigen Entscheidungen bei der Auswahl eines Pferdes zu treffen.

Zunächst sollte sich der Reiter darüber im Klaren sein, zu welchem Zweck er das Pferd einsetzen will. Dabei spielen die verschiedenen Reitweisen, die vielseitigen Verwendungsmöglichkeiten und die Frage nach der gewünschten bzw. geeigneten Rasse aufgrund der großen Vielzahl unterschiedlicher Pferde- und Ponyrassen eine entscheidende Rolle. Ohne konkrete Vorstellung, was man von einem Pferd erwartet und wofür man es nutzen möchte, ist die richtige Auswahl eines Pferdes nicht möglich. Dies gilt gleichermaßen für Reiter und Züchter, wobei letztere die Auswahl in Abhängigkeit vom angestrebten Zuchtziel und dem späteren Einsatz zu sehen haben.

Bei der Beurteilung eines Pferdes sollen Eignung und Wert eines Pferdes für den jeweiligen Verwendungszweck erkannt werden. Hierbei sind die allgemeine Qualität zu bestimmen und nicht einzelne Fehler zu suchen, die oft keinerlei Einfluss auf die Leistungsfähigkeit haben. Häufig ist das Interieur für die Einsatzmöglichkeiten, die Leistungsfähigkeit und den Wert eines Pferdes wichtiger als einzelne fehlerhafte Körperpartien.

Merke:

Wir wollen keine Fehlergucker, sondern Pferdekenner sein, die das Pferd als Ganzes beurteilen. Wir wollen Leistungspferde und keine langweiligen, fehlerfreien Durchschnittsprodukte, wobei wir unter Schönheit die für den jeweiligen Nutzungszweck wünschenswerten und notwendigen Körperformen verstehen.

Im folgenden Abschnitt wird die Beurteilung des Pferdes näher beleuchtet.

2.1 Beurteilung des Pferdes

Ziel der Beurteilung eines Pferdes ist es, Zusammenhänge zwischen Körperbau des Pferdes sowie den zu erwartenden Leistungsfähigkeiten zu erkennen bzw. richtig einzuschätzen und im Hinblick auf den gewünschten Verwendungszweck zu bewerten.

Zur Beurteilung des Pferdes bedarf es einer gründlichen Kenntnis über Anatomie sowie funktionale Zusammenhänge des Körperbaus (siehe S. 23ff.).

Die Beurteilung eines Pferdes erfolgt im Stand und im Gang an der Hand und/oder unter dem Sattel. Die Beurteilung des Pferdes an der Hand ist ein zu der reiterlichen Prüfung zusätzliches Hilfsmittel, dessen Aussage jedoch erst durch die Nutzung als Reitpferd bestätigt werden muss. Sie ist ein entscheidendes Instrument, um das Gesamtbild eines Pferdes aussagekräftig einzuschätzen.

Merke:

Der erste Blick muss dem Beurteiler einen Gesamteindruck hinsichtlich Typ, Harmonie, Konstitution, Kondition, Nerv und Temperament vermitteln. Er muss erkennen, ob er das für den jeweiligen Verwendungszweck geeignete Pferd vor sich hat.

Die Musterung im Stand erfolgt auf geradem, festem Boden, wobei der Beurteiler und das von ihm in einer Entfernung von 4 bis 5 m aufgestellte Pferd auf gleicher Ebene stehen. Die Musterung im Gang erfolgt nach Möglichkeit auf einer Dreiecksbahn. Sie erlaubt eine Beurteilung von hinten, von der Seite und von vorne.

Nur diese Gesamtbeurteilung ermöglicht die Feststellung, wie weit Abweichungen von dem so genannten „Idealtyp" im Gesamtkörperbau ausgeglichen werden, oder ob sie als Fehler zu betrachten sind. Dabei sind hervorstechende und bedeutende Pluspunkte des Temperamentes, des Körpers, der Extremitäten und des Ganges gegen

Merke:
Höchste Ansprüche müssen an Zuchtpferde gestellt werden. Sie müssen das Zuchtziel ihrer Rasse in möglichst vollkommener Weise verkörpern. Sie müssen neben diesem Rassetyp einen klaren Geschlechtstyp zeigen, andernfalls sind sie Gebrauchspferde, aber niemals Zuchtpferde.

die sogenannten Schwächen abzuwägen. Anschließend erfolgt die für jeden Verwendungszweck ausschlaggebende Bewertung der Bewegungen des Pferdes.

Der Fachmann wird ein Pferd in wenigen Worten beschreiben, die klar die Charakteristik der Persönlichkeit, seine wichtigsten Vorzüge und Fehler und damit seine Eignung für den jeweiligen Verwendungszweck ausweisen.

Bei Gebrauchs- und insbesondere bei Sportpferden legt man den Hauptwert auf die Leistung, für die die Exterieurbeurteilung zwar Hinweise geben kann, für die jedoch die Interieureigenschaften wie Gesundheit, Leistungsbereitschaft, Temperament, Nerv, Härte, Gelehrigkeit, Futterverwertung u.a. von ausschlaggebender Bedeutung sind. Gesicht und Auge, Haltung und Benehmen, Auftreten und Reagieren auf die Umwelt sowie energische, kraftvolle Bewegungen geben hier wertvolle Hinweise. Bei den Gebrauchspferden sind, je nach dem Verwendungszweck, graduelle Unterschiede der einzelnen Körperteile und ihrer Proportionen erwünscht, genauso wie die Bewertung vieler Vorzüge und Fehler weitgehend von dem Verwendungszweck abhängig sind. Erwünscht ist stets das Gleichgewichtspferd. Es wird bei der Musterung in vollendeter Harmonie ruhig, aber aufmerksam auf allen 4 Beinen stehen und jede Korrektur durch Vorziehen oder Zurückstellen überflüssig machen. Es geht in allen Gangarten sich selbst tragend mit schwungvollen, raumgreifenden, elastischen Bewegungen, leicht und frei in vollendeter Harmonie. Höchsten Wert lege man auf ein ausgeglichenes, hervorragendes Temperament, einen anständigen Charakter und eine gute Veranlagung für den beabsichtigten Verwendungszweck. Das harmonische Reitpferd soll dank seiner bedeutenden Formen großlinig sein und über viel Boden stehen. Die Grundlage dafür bilden ein langer Hals, eine lange, schräg gelagerte Schulter mit langem Oberarm, ein langer Widerrist, ein genügend langer Rücken und eine Hinterhand mit langem Hebelwerk und günstiger Winkelung der einzelnen Knochen zueinander.

Grundlagen der Anatomie des Pferdes

Das **Skelettsystem** dient dem Körper als festes, stützendes Gerüst. Durch die Ausbildung beweglicher Verbindungen, der Gelenke, sind Bewegungen möglich. Das Skelett wird in der Entwicklung eines Wirbeltieres zunächst als Knorpelskelett angelegt. Beim Pferd setzt die Verknöcherung dieser Vorstufe sehr früh ein. Bei einer Scheitel-Steiß-Länge der Leibesfrucht von 7,4 cm sind bereits die ersten Anzeichen der Verknöcherung vorhanden. Bei den Huftieren liegt eine relative **Frühreife der Skelettentwicklung** vor. Zum Zeitpunkt der Geburt entspricht die Entwicklung beim Fohlen dem Menschen in der Pubertät. Als „Nestflüchter" kann das Fohlen wenige Stunden nach der Geburt stehen und laufen.

Das **Längenwachstum der Knochen** findet in den gesetzmäßig angelegten **Wachstumsfugen** statt. Das sind quer durch den Knochen verlaufende, bei der Geburt etwa 4 mm dicke Knorpelscheiben. Sie befinden sich an den Knochenenden und sind äußerst anfällig. Mit ihrer Verknöcherung ist das Längenwachstum beendet. Im unteren Gliedmaßenbereich erfolgt diese Schließung schon im 6. Lebensmonat. Da das Wachstum in diesen Abschnitten so früh aufhört, sind beim Fohlen die Gliedmaßen so unproportional lang.

Das Skelett

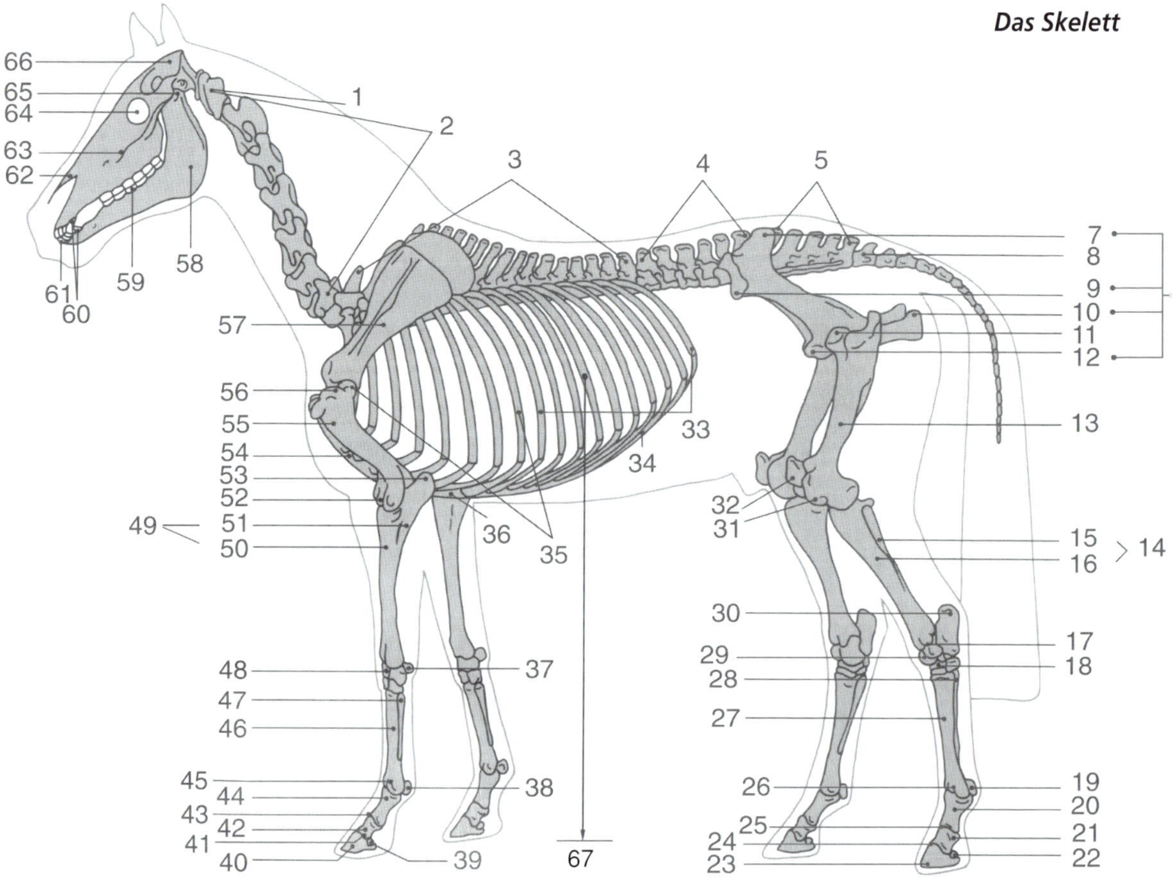

1 1. Halswirbel, (Atlas)
2 Halswirbel (7)
3 Rücken-/Brustwirbel (18)
4 Lendenwirbel (6)
5 Kreuzbein, Kreuzbeinwirbel
6 Beckenknochen
7 Darmbein
8 Schweifwirbel = Schwanzwirbel (15-21)
9 Hüfthöcker
10 Sitzbeinhöcker
11 Hüftgelenk
12 Schambein
13 Oberschenkelbein
14 Unterschenkelknochen
15 Wadenbein
16 Schienbein
17 Sprunggelenk (Tarsalgelenk)
18 Hinterfußwurzelknochen
19 Gleichbein
20 Fesselbein
21 Kronbein
22 Strahlbein
23 Hufbein
24 Hufgelenk
25 Krongelenk
26 Fesselgelenk
27 Hintermittelfußknochen (Hinterröhre)
28 Griffelbein
29 Rollbein
30 Fersenbein
31 Kniegelenk
32 Kniescheibe
33 9. bis 18. Rippe (Atmungsrippen)
34 knorpliger Rippenbogen
35 8. Rippe (8 Trage- oder wahre Rippen)
36 Brustbein
37 Erbsenbein
38 Gleichbein
39 Strahlbein
40 Hufbein
41 Hufgelenk
42 Kronbein
43 Krongelenk
44 Fesselbein
45 Fesselgelenk
46 Vordermittelfußknochen (Vorderröhre)
47 Griffelbein
48 Vorderfußwurzelknochen, Vorderfußwurzelgelenk, Karpalgelenk
49 Unterarmknochen
50 Speiche
51 Elle
52 Ellenbogengelenk
53 Ellenbogenhöcker
54 Brustbein
55 Oberarmbein
56 Schultergelenk (Buggelenk)
57 Schulterblatt
58 Unterkiefer
59 Backenzähne
60 Hakenzähne
61 Schneidezähne
62 Nasenbein
63 Jochbeinleiste
64 Augenhöhle
65 Kiefergelenk
66 Hinterhauptsbein
67 Massenmittelpunkt

Das Exterieur

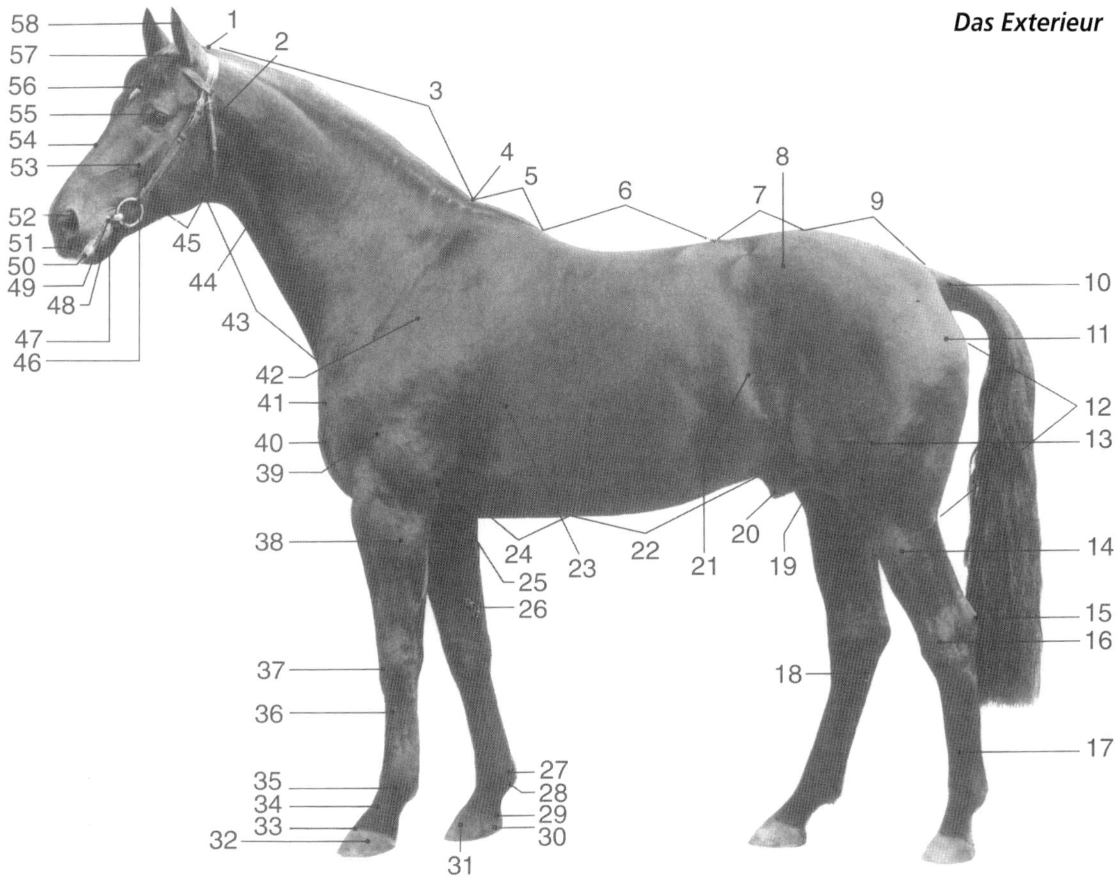

1	*Genick*	*21*	*Flanke*	*40*	*Vorderbrust*
2	*Ohrspeicheldrüse*	*22*	*Bauch*	*41*	*Bugspitze*
3	*Mähnenrand des Halses*	*23*	*Brustwand*	*42*	*Schulter*
4	*Halskerbe*	*24*	*Unterbrust*	*43*	*Kehlrand des Halses*
5	*Widerrist*	*25*	*Ellenbogenhöcker*	*44*	*Drosselrinne*
6	*Rücken*	*26*	*Kastanie*	*45*	*Ganasche*
7	*Lende*	*27*	*Köte*	*46*	*Backe*
8	*Hüfthöcker*	*28*	*Sporn*	*47*	*Kinngrube*
9	*Kruppe*	*29*	*Ballen*	*48*	*Kinn*
10	*Schweifansatz*	*30*	*Huf (Trachtenwand)*	*49*	*Maulwinkel*
11	*Sitzbeinhöcker*	*31*	*Huf (Zehenwand)*	*50*	*Unterlippe*
12	*Hinterbacke*	*32*	*Huf (Seitenwand)*	*51*	*Oberlippe*
13	*Oberschenkel*	*33*	*Krone*	*52*	*Nüster*
14	*Unterschenkel*	*34*	*Fessel*	*53*	*Jochbeinleiste*
15	*Fersenhöcker*	*35*	*Fesselkopf*	*54*	*Nasenrücken*
16	*Sprunggelenk*	*36*	*Vordermittelfuß (Vorderröhre)*	*55*	*Auge*
17	*Hintermittelfuß (Hinterröhre)*	*37*	*Vorderfußwurzel*	*56*	*Stirn*
18	*Kastanie*	*38*	*Unterarm*	*57*	*Stirnhaare*
19	*Knie*	*39*	*Oberarm*	*58*	*Ohr*
20	*Schlauch*				

Der Rücken – Skelett und Muskulatur

(von der Seite gesehen)

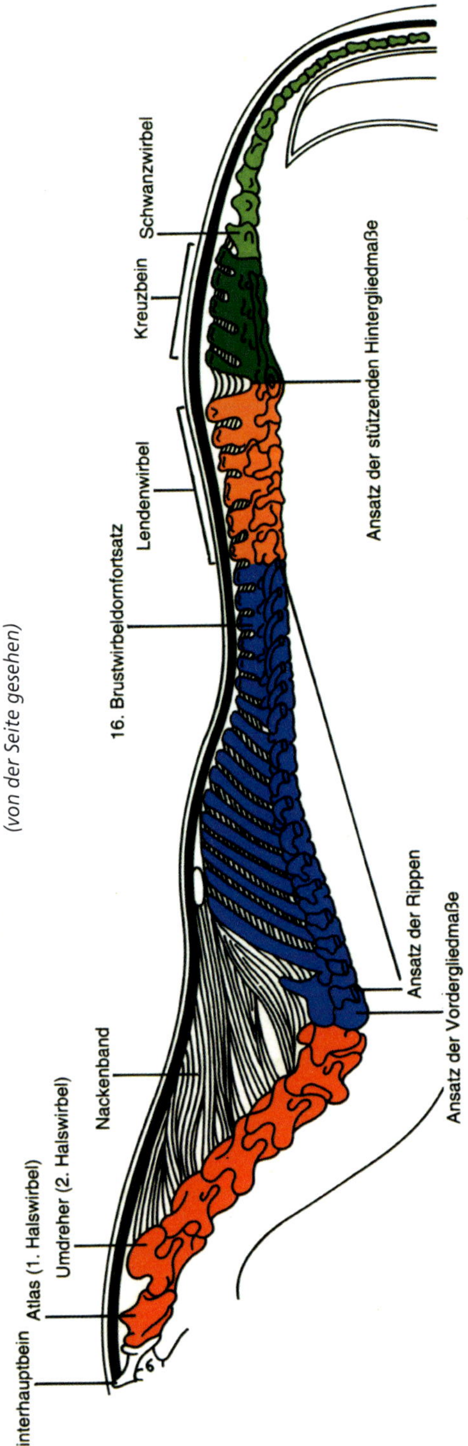

(von oben gesehen)

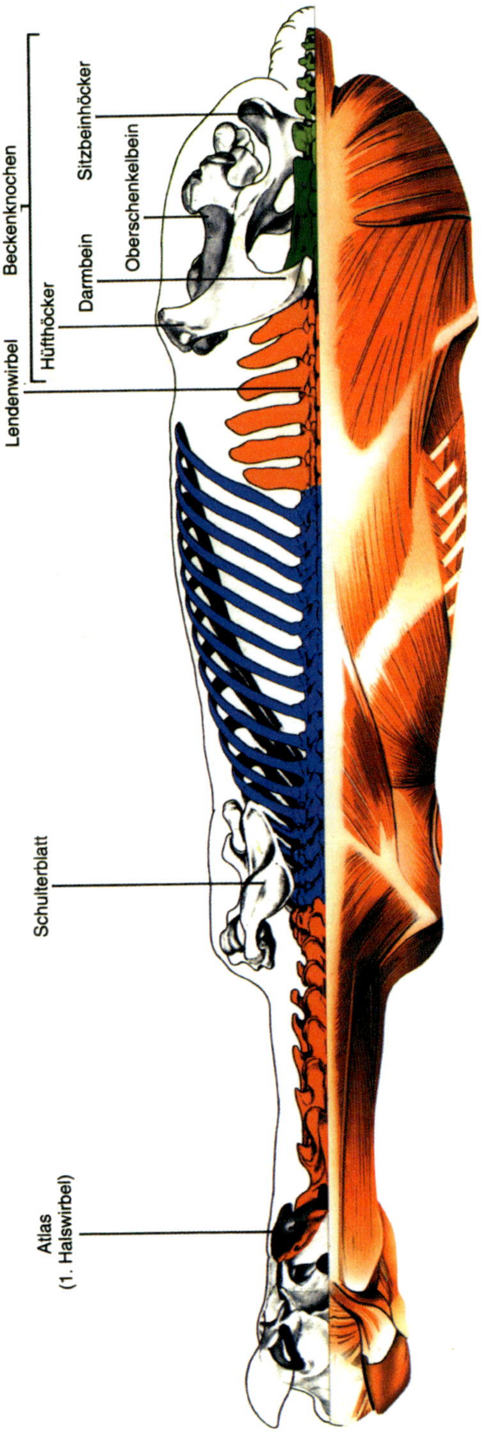

Das Längenwachstum der **Wirbel** ist am Ende des 4. Lebensjahres abgeschlossen. Durch Kastration im jugendlichen Alter wird die Schließung der Wachstumszonen verzögert und damit das Größenwachstum gesteigert. Nach der Schließung der Wachstumszonen an den Gliedmaßen ist, gemessen an der Widerristhöhe, häufig noch ein Wachstum feststellbar, das die Folge der Verknöcherung der Knorpelkappen an den Dornfortsätzen des Widerristes ist. Die Sattellage bildet sich dann aus. Der Knochen selber ist kein totes Organ. Er ist sehr gut durchblutet. Das Knochenmark ist an der Blutbildung beteiligt. Die Knochensubstanz unterliegt einem ständigen Umbauprozess. Das Regenerationsvermögen und die biologische Anpassungsfähigkeit an veränderte Belastungsverhältnisse sind sehr groß. Im Röntgenbild können eine Entkalkung des Knochens und ein Dünnerwerden der Knochenbälkchen schon nach 14 Tagen nachweisbar sein. Durch die Konstruktion der röhrenförmigen Gliedmaßenknochen wird mit einem Minimum an Material ein Maximum an Leistung erzielt. Die Knochenbälkchen im Inneren der langen Röhrenknochen passen sich dem Verlauf der Druck- und Zuglinien an.

Das Skelett des Stammes umfasst die Wirbelsäule, die Rippen und das Brustbein. Die Löcher der Wirbel reihen sich zum Wirbelkanal aneinander und umgeben schützend das Rückenmark. Wie bei allen Säugetieren sind beim Pferd 7 Halswirbel ausgebildet, die im Verhältnis zu denen der meisten Tierarten sehr lang sind.

Zwischenwirbelscheiben, Gelenke und zahlreiche Bänder verbinden und fixieren die Wirbel. Von großer Bedeutung für die Funktion des Rückens ist beim Pferd das vom Hinterhaupt bis zum Kreuzbein reichende Nackenrückenband. An den Brust-, Lenden- und Kreuzwirbeln befinden sich nach oben gerichtete Dornfortsätze. Sie sind bis zum 15. Brustwirbel schwanzwärts geneigt. Der Dornfortsatz des 16. Brustwirbels steht senkrecht. Alle folgenden Dornfortsätze sind dann kopfwärts geneigt. Daraus ergibt sich eine **Brückenkonstruktion** der Wirbelsäule mit den Gliedmaßen als Stützpfeiler. Dadurch ist der Rücken des Pferdes weit mehr als der eines anderen Tieres befähigt, Lasten von erheblichem Ausmaß zu tragen. Kopf und Hals, vom hochelastischen Nackenband in der Haltung unterstützt, ragen, als Hebelarm wirkend, über die stützende Vordergliedmaße. Die Haltung von Kopf und Hals sowie die Füllung der Baucheingeweide haben einen Einfluss auf die Lage des Schwerpunktes. Beim ruhig stehenden Pferd liegt der Massenmittelpunkt etwa in Höhe des Brustbeines unterhalb der Rumpfmitte.

Im Hinblick auf die Sattelung und den Sitz des Reiters ist die **Lage des Körperschwerpunktes** von größter Wichtigkeit. Da der Schwerpunkt beim stehenden Pferd der Vorhand näher liegt, ist das vordere Gliedmaßenpaar stärker belastet als das hintere. Wägungen ergaben, dass beim Pferd 55% auf den vorderen und 45% auf den hinteren Gliedmaßen ruhen. Bei einem 500 kg schweren Pferd wird jede Vordergliedmaße mit 137,5 kg belastet. Die Mehrbelastung der Vorhand im Stand und in der Bewegung erfordert das Überwiegen einer Stütz- und Auffangfunktion der von hinten zugeschobenen Last. Die Hintergliedmaße ergibt das Bild eines stark gewinkelten Hebelwerkes, das starke Schubkräfte zur Vorwärtsbewegung erzeugen kann. Diese funktionell recht verschiedene Beanspruchung der Beckengliedmaße (58% des Gesamtgewichtes der Gliedmaßenmuskulatur) findet in der grundsätzlich verschiedenen Verbindung mit dem Rumpf seinen Ausdruck. Während die Hintergliedmaße über das Becken zur Übertragung der Schubkräfte mit der Wirbelsäule direkt verbunden ist, hängt der Brustkorb beweglich und federnd mit Hilfe der bindegewebig-muskulösen Tragegurte der Schultergürtelmuskeln zwischen den Vordergliedmaßen an den Schulterblättern.

Die Muskulatur

Beim Pferd können 250 paarige und einige unpaarige Muskeln unterschieden werden, die durch Kontraktion als Beuger, Strecker, Ein- oder Auswärtszieher, Dreher, Spanner oder Schließer wirken. An den Enden der Muskeln, auch wenn ein Muskel scheinbar „fleischig" am Knochen ansetzt, erfolgt die Verbindung stets über Sehnenfasern. Der Anteil des Fleisches am Gesamtkörpergewicht schwankt zwischen 37 und 45%. Das Pferdefleisch ist stark sehnig durchsetzt und hat eine dunkelrote Farbe, die beim Trocknen an der Luft fast schwarz wird. Die Farbe verdankt der Muskel dem Muskelfarbstoff (Myoglobin), der mit dem roten Blutfarbstoff (Hämoglobin) verwandt ist, und ebenso wie dieser Sauerstoff zu binden in der Lage ist.
Die überwiegende Anzahl der Muskeln heftet sich an gelenkig verbundenen Knochen an und dienen bestimmten Bewegungen. Einige Muskeln schließen Körperhöhlen (Brusthöhle, Bauchhöhle) ein oder grenzen sie voneinander ab. Hierher gehören die Zwischenrippenmuskeln, das Zwerchfell und die großen Bauchmuskeln. Ihre wichtigste Aufgabe ist die Unterstützung der Atmung.
Es gibt auch Muskeln, die keine unmittelbare Verbindung zum Skelett haben, die ringförmigen Schließmuskeln der Körperöffnungen (Maul, After, Scheidenvorhof). Die in der Bewegung befindlichen Muskeln sind federnd dehnbar. In der Landung bei einem Sprung wird die Körperlast in gleitendem Nachgeben in Sekundenschnelle abgefangen.
Herz- und Atemmuskeln sind Beispiele für die Leistungsfähigkeit. Eine Sonderstellung nimmt der Herzmuskel ein, der nicht willkürlich betätigt wird. Seine Muskelfasern verbinden sich untereinander zu einer zusammenhängenden Muskelmasse. Jeder Muskel wächst durch Übung, solange ein natürliches Maß nicht überschritten wird. Die starke Durchblutung im Gefolge der Arbeit führt zum Aufbau neuer Muskelsubstanz. Aber auch das Gegenteil ist bekannt. Lähmungen und Lahmheiten können zum Schwund ganzer Muskelgruppen führen. Nahezu jede Bewegung des Körpers ist auf die Tätigkeit mehrerer Muskeln zurückzuführen. Jede Bewegung kann durch eine Gegenbewegung wieder rückgängig gemacht werden. Entsprechend ihrer großen Leistung sind die Muskeln reich mit Blutgefäßen ausgestattet. Ihr Funktionieren setzt eine lückenlose Nervenversorgung voraus, die bis zu den einzelnen Nervenfasern reicht und ihnen die Aufträge des Zentralnervensystems (Gehirn) zuleitet. Die Muskelfaser zieht sich zusammen, wenn sie über ihre Nerven gereizt wird. Die Verkürzung verläuft wie eine Welle durch die Muskelfaser mit einer Geschwindigkeit von 10 bis 14 m/sec.

Die Leistungsfähigkeit der Skelettmuskeln nimmt mit ihrer Beanspruchung zu. Starke Belastung ist der Anreiz für große Leistung. Die Kraft eines Muskels endet bei seiner Reißfestigkeit. Jede Muskeltätigkeit erzeugt Wärme. Der Schweißausbruch bei schwerer Arbeit ist ein sichtbarer Ausdruck dafür. Beim Zusammenziehen der Muskeln wird durch stoffliche Umsetzungen viel Wärme frei. 75% der Körperwärme werden so erzeugt.
Die Quelle der Muskelenergie ist der Traubenzucker, der in der Muskelzelle vorhanden ist und in den Leberzellen gespeichert wird.

Fortgesetzte Arbeit ermüdet den Muskel. Die Ermüdung ist eine Folge der Anhäufung von Stoffwechselschlacken (CO^2, Phopsphorsäure, Milchsäure), die nicht schnell genug vom Blut beseitigt werden. In Phasen mit geringer Belastung werden diese Schlacken relativ schnell abgebaut.

Die Muskulatur bedeckt an Hals, Rumpf, Oberarm sowie Ober- und Unterschenkel in mehreren Schichten die Knochen. Die 260 Muskeln verteilen sich auf Rumpf (104), Vordergliedmaße (46), Hintergliedmaße (66) und Kopf (40).

*Die Muskulatur**

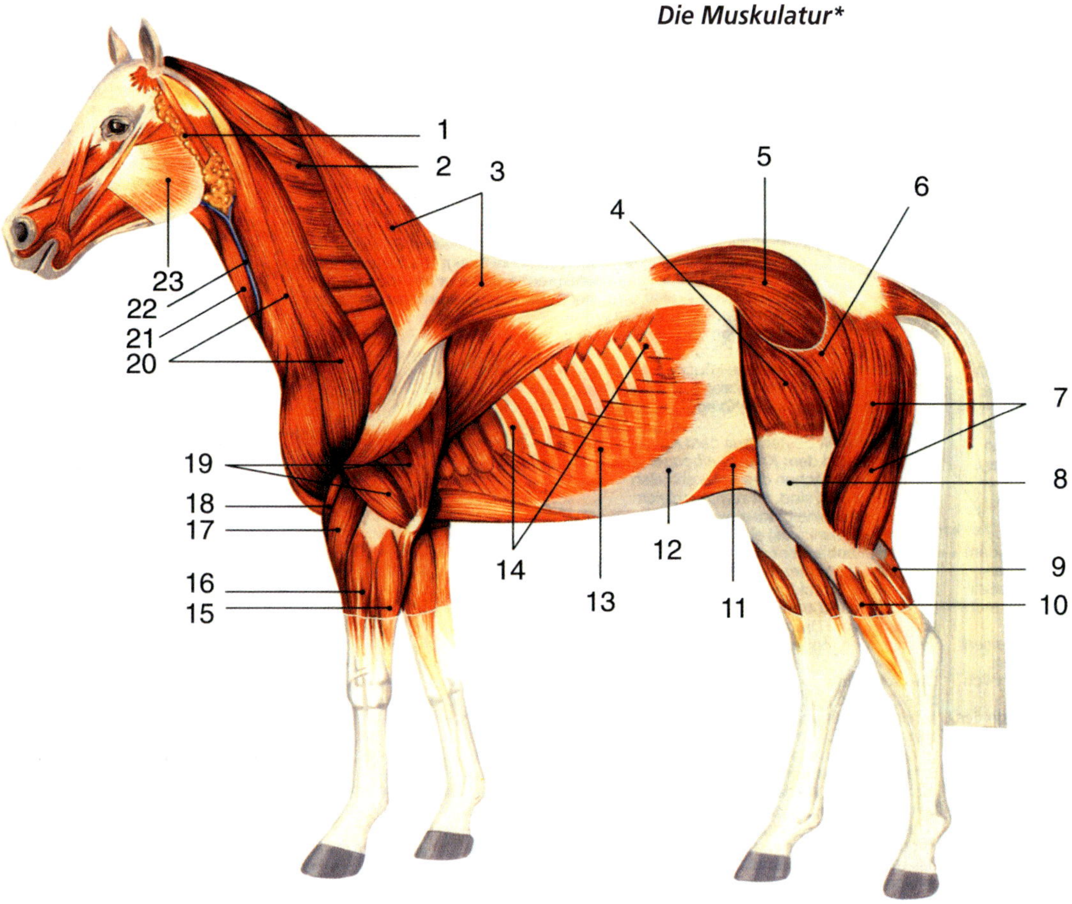

1 Ohrspeicheldrüse
2 Rautenmuskel (Halsteil)
3 Trapezmuskel
4 Spanner der Oberschenkelbinde
5 Mittlerer Kruppenmuskel
6 Oberflächlicher Kruppenmuskel
7 Zweiköpfiger Oberschenkelmuskel
8 Oberschenkelbinde
9 Wadenmuskel
10 Langer Zehenstrecker
11 Großer Hautmuskel der Kniefalte
12 Sehnenplatte vom äußeren schiefen Bauchmuskel
13 Äußerer schiefer Bauchmuskel
14 Zwischenrippenmuskeln
*15 Strecker des Vorderfußwurzelgelenkes***
16 Gemeinsamer Zehenstrecker
17 Strecker des Vorderfußwurzelgelenkes
18 Armbeuger
19 Dreiköpfiger Armmuskel
20 Armkopfmuskel
21 Brustbeinunterkiefermuskel
22 Drosselvene
23 Kaumuskel

* *Oberflächenmuskulatur nach Entfernung der Hautmuskeln*

** *Der in der Tafel als Strecker des Vorderfußwurzelgelenkes bezeichnete Muskel fungiert beim Pferd als Beuger des Vorderfußwurzelgelenkes. Da die Nomenklatur beim Pferd auf einer vergleichenden Anatomie der Haustiere beruht, musste diese funktionell zwar unrichtige Bezeichnung beibehalten werden.*

Die Sehnen und Bänder

Die Sehnen sind Ausläufer der Muskeln mit Ansatz am Knochen, bestehend aus vielen Sehnenfaserbündeln. Die Sehnenfaserbündel enthalten elastische Fasern, die bei Anspannung eine Verlängerung der Sehne um 4% gestatten. Diese ist für die Sehne ein Sicherheitsfaktor. Außerdem ist dadurch ein weiches Anziehen möglich. Obwohl der Muskelquerschnitt das 60fache des Sehnenquerschnittes betragen kann, ist die Zugfestigkeit der Sehne so groß, dass ein Muskel aus eigener Kraft seine Sehne nie zerreißen kann. Die mittlere Zerreißfestigkeit beträgt je Quadratmillimeter 7 bis 8 kg. Der Fesselträger zerreißt bei einer Belastung von 950 bis 2000 kg, was etwa der 4- bis 11fachen Ruhebelastung entspricht. Beim Fußen und Tragen des Körpergewichtes sind die oberflächliche Beugesehne und der Fesselträger, beim Abstemmen die tiefe Beugesehne am stärksten belastet.
Der Fesselträger setzt an den Gleichbeinen an und bildet den Hauptteil des Fesseltrageapparates. Die tiefe Beugesehne verläuft über Gleichbeine und Strahlbein und setzt am Hufbein an. Tiefe Beugesehne, Strahlbein und Schleimbeutel bilden hier die so genannte Hufrolle. Die oberflächliche Beugesehne spaltet sich in der Fesselbeuge, umschließt die tiefe Beugesehne und setzt als Kronbeinbeuger an der Kronbeinlehne an.
Die Fixationseinrichtungen an den Vorder- und Hintergliedmaßen bestehen fast ausschließlich aus Sehnen und Bändern. Sie übernehmen neben dem Knochengerüst bei ruhigem Stehen das Gewicht fast ohne Muskelarbeit.

Die Immobilisierung des Kniegelenks wird mit Hilfe des **Patellarmechanismus** erreicht. Mit Hilfe der Kniescheibenbänder wird die Kniescheibe hinter dem Rollkamm des Oberschenkelknochens verhakt und durch den Muskeltonus des Kniegelenkstreckers (M. quadriceps femoris) festgehalten, was ein gewisses Quantum aktiver Muskelarbeit erfordert. Da durch die so genannte Spannsägenkonstruktion die Bewegung im Sprung- und Kniegelenk völlig voneinander abhängen, ist damit die ganze Gliedmaße fixiert.

Spannsägenkonstruktion der Hintergliedmaße

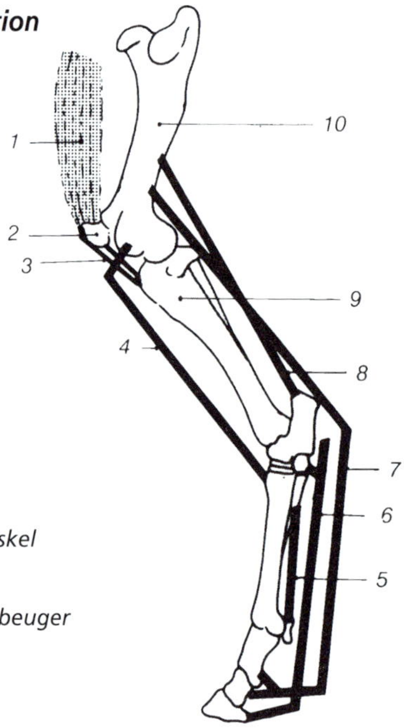

1 Kniegelenkspanner
2 Kniescheibe
3 Kniescheibenbänder
4 dritter Wadenbeinmuskel
5 Fesselträger
6 tiefer Zehenbeuger
7 oberflächlicher Zehenbeuger
8 Fersensehnenstrang
9 Unterschenkel
10 Oberschenkel

Merke:

Das Knochengerüst ist in der Lage, sich nach Abschluss des Längenwachstums den sich stellenden Anforderungen durch Umbauprozesse anzupassen. Es gilt: Minimaleinsatz von Material für ein Maximum an Leistung (zur weiteren wesentlichen Funktion der Knochen gehört die Blutbildung). Die Stoffwechselaktivität der Organe Knochen (Gelenke), Sehnen (Bänder), Muskeln nimm in der Regel der Aufzählung zu. Genauso verhält es sich mit der Regenerationsfähigkeit der genannten Organe. Das gilt es durch langsam aufbauendes Training zu berücksichtigen.

Längsschnitt der Zehe

1 Strecksehne
2 Fesselträger
3 tiefe Beugesehne (Hufbeinbeuger)
4 Griffelbein
5 Röhrbein
6 oberflächliche Beugesehne (Kronbeinbeuger)
7 Fesselbein
8 Gleichbein
9 Kronbein
10 Strahlbein
11 Hufrollenschleimbeutel
12 Hufbein
13 Strahlpolster
14 Hornkapsel

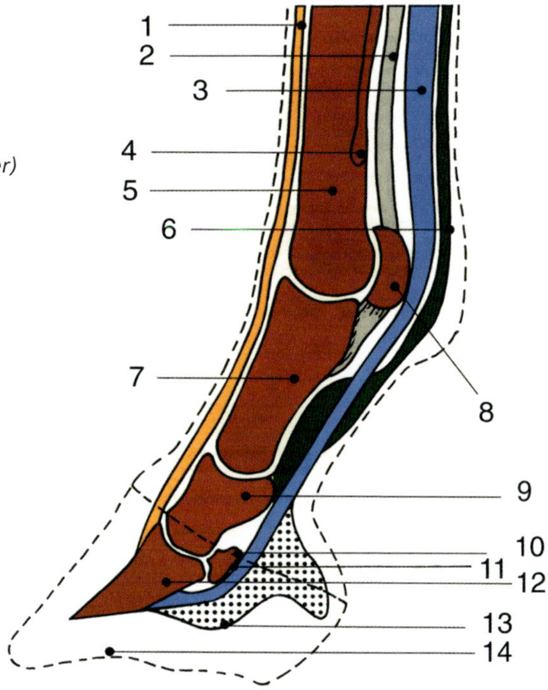

Belastung der Sehnen

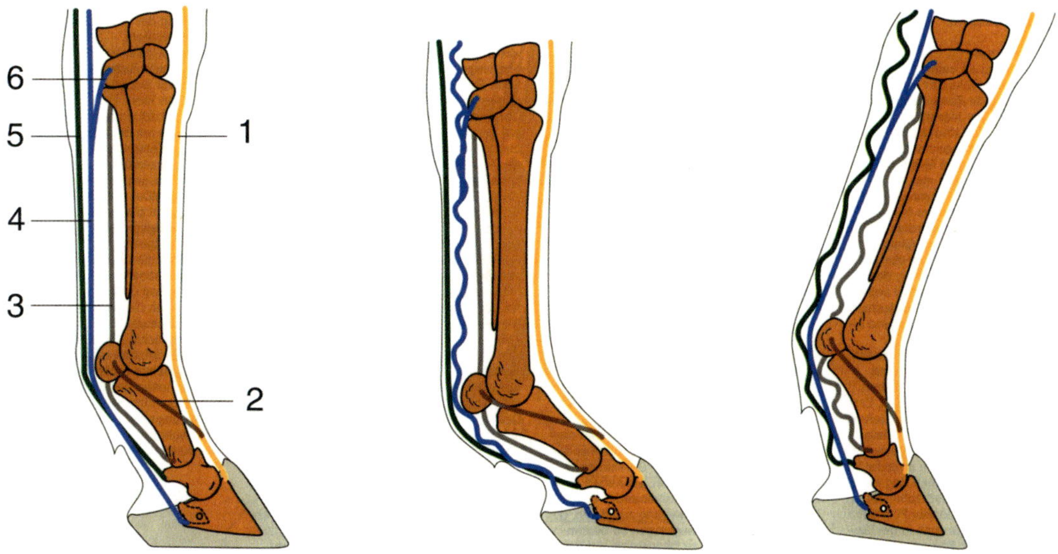

im Stand | ***Fußen*** *1. Stützbeinphase (Durchtreten im Fesselkopf)* | *2. Stützbeinphase (Abstemmen)*

1 Strecksehne
2 Unterstützungsast zur Strecksehne
3 Fesselträger
4 tiefe Beugesehne
5 oberflächliche Beugesehne
6 Unterstützungsband der tiefen Beugesehne

Beurteilung des Exterieurs

Bei der Beurteilung von Pferden verschafft sich der Betrachter zunächst einen ersten Gesamteindruck über das Pferd, indem er es in seiner Gesamtheit begutachtet und auf sich wirken läßt. Besonders wichtig ist, ob das Pferd über einen harmonischen, wohlproportionierten Körperbau verfügt und sich im Gleichgewicht stehend präsentiert. Das natürliche Gleichgewicht eines Pferdes ist von besonderer Bedeutung, da sich ein von Natur aus ausbalanciertes Pferd in der Regel reiterlich einfacher nutzen und besser einsetzen lässt.

Bei der weiteren Bildung eines ersten Gesamteindruckes ist auf das Verhältnis der Körperproportionen untereinander zu achten. Hierbei kommt dem Verhältnis der Länge der einzelnen Körperabschnitte (Vor-, Mittel- und Hinterhand) zueinander und dem Verhältnis von Rumpftiefe zur Länge der Extremitäten besondere Bedeutung zu. Für die reiterliche Nutzung ist das längliche, über „viel Boden stehende" Pferd im **Rechteckformat** zu bevorzugen. Dagegen lässt das im **Quadratformat** stehende Pferd aufgrund der kurzen, gedrungenen Körperpartien häufig Nachteile im Hinblick auf natürlich schwingende und elastische Bewegungen erwarten und ist daher in Bezug auf die reiterliche Nutzung zumeist weniger wertvoll.

Nach der ersten Gesamtbeurteilung erfolgt eine genaue Betrachtung der Körperteile im Einzelnen. Der **Kopf** soll harmonisch zum Körper passen. Er soll trocken und ausdrucksvoll sein, weder unpersönlich noch plump oder verschwommen wirken Er soll den Rassetyp und, bei Zuchtpferden äußerst wichtig, das Geschlecht verkörpern.

Das **Auge** ist der Spiegel der Eigenschaften. Es soll aufmerksam, furchtlos und gutmütig sein. Das lebendige Auge zeigt eine Leistungsbereitschaft an, wogegen zu viel Weiß im Auge – das oft nur zeitweise sichtbar ist – ein Hinweis auf einen Temperaments- oder Charakterfehler sein kann. Ein mattes Auge ist wie das glanzlose Haarkleid ein Zeichen mangelnder Gesundheit. Farbabweichungen der Iris – wie das unschöne Glasauge (weißliche bis hellgraue Iris) und das Birkauge (hellblaue Iris) usw. –, oft bedingt durch geringe Pigmentablagerungen, sind zwar keine Gebrauchs-, aber starke

Lang-Rechteck-Format: Widerristhöhe geringer als Rumpflänge

Quadrat-Format: Widerristhöhe entspricht der Rumpflänge

„Edler" Kopf

Schönheitsfehler. Das kleine, verkniffene so genannte Schweinsauge sowie das große, hervorstehende so genannte Ochsenauge sind unschön und meistens kein Zeichen hoher Leistungsfähigkeit und Intelligenz.
Zungenstrecken, dessen Anlage sich häufig vererbt, ist für Zucht- und Gebrauchs-, – insbesondere Dressurpferde –, ein schwerwiegender Fehler. Vor jedem Ankauf lege man deshalb dem Pferd die Trense an und beobachte, ob das Pferd mit der Zunge mit dem Gebiss spielen will oder versucht, sie unter dem Gebiss hervorzuziehen.

Große, weit geöffnete Nüstern mit dünnen, beweglichen Rändern, fein behaart und weich, erhöhen den Adel und ermöglichen das Einströmen großer Luftmengen. Die Nüstern dürfen sich im Zustand der Ruhe nur wenig bewegen, andernfalls besteht der Verdacht auf krankhafte Atembeschwerden, z.B. auf Dämpfigkeit.

Bei der Beurteilung des Kopfes begutachte man auch das Zahnalter zur groben Altersbestimmung des Pferdes, den Zustand und die Stellung der Zähne, insbesondere ob und inwieweit das Pferd Über- oder Unterbeißer ist oder andere Anomalien vom normalen Gebiss zeigt.

Kopf und Hals sollen im **Genick** leicht beweglich verbunden sein. Zu enge Ganaschen und ein kurzes, breites Genick erschweren die Biegung und Beizäumung.

Der **Hals** – gebildet durch die 7 Halswirbel – ist beim Hengst breit und stark bemuskelt, bei der Stute gestreckter und feiner. Beim Reitpferd soll er günstig angesetzt, von genügender Länge, frei und elegant getragen werden. Kurze Hälse sind unharmonisch und besonders beim Reitpferd unerwünscht. Ein tief angesetzter Hals wirkt sich beim Reiten des Pferdes negativ aus, er stört das Gleichgewicht.

Der **Widerrist** – gebildet aus langen, möglichst schräg nach hinten liegenden Dornfortsätzen – soll beim Reitpferd, in Verbindung mit langer, schräger Schulter, lang, hoch und breit sein, und weit in den Rücken hineinragen.

„Grober" Kopf mit Birkauge

Dr. Thomas Nissen,
Leiter der Abteilung Zucht beim Verband der Züchter des Holsteiner Pferdes und aktiver Züchter

„Jedes gut konstruierte Pferde ist in der Leistungsdarstellung anderen fehlerhaften Pferden gegenüber im Vorteil. Schon seit Jahrhunderten wird hierfür der Beweis in der Englischen Vollblutzucht geliefert. Die erfolgreichen Rennpferde sind auch bedeutende Exterieurpferde, die maßgeblich die heutige Warmblutzucht beeinflusst haben. Bei den Reitpferden hat die äußere Erscheinung, der Typ und die Korrektheit schon immer eine große Rolle gespielt. Letzteres steht in einem engen Zusammenhang mit der Haltbarkeit und der Nutzungsdauer. Das wussten schon unsere Väter und Großväter bei der Selektion der Wirtschaftspferde zu berücksichtigen. Heute unterscheiden wir zwischen dem „Endprodukt", dem Sportpferd und dem Zuchtpferd.
Bei Zuchtpferden ist ein höherer Maßstab hinsichtlich Typ und Korrektheit des Körperbaus anzulegen. Jede Zuchtrichtung muss dabei für sich abwägen, wo sie die Schwerpunkte setzen möchte. In der Holsteiner Population verfahren wir nach dem Grundsatz: so viel Korrektheit wie nötig und so viel Leistung wie möglich! Auch bei den Zuchtpferden muss abgewogen werden, inwieweit Kompromisse gemacht werden können.
Wer nur den Exterieursieger züchten will, wird sich mit Sicherheit nur im mittleren oder unteren Leistungsbereich bewegen.
Bei der Exterieurselektion sollte der Typbeurteilung eine herausragende Stellung zu kommen. In Holstein wird auf den Rassetyp großen Wert gelegt. Daneben muss auch die Korrektheit im Körperbau und die des Fundaments genügend Berücksichtigung finden. Bei letzterem gilt es aber besonders gut abzuwägen, inwieweit kann z.B. ein etwas stärker gewinkeltes Hinterbein den Bewegungsfluss und die Aktivität der Gliedmaßen noch positiv unterstützen. Wichtig ist, dass die Funktionsfähigkeit des Körpers und der Gliedmaßen sichergestellt sein muss."

Der **Brustkorb** des Zuchtpferdes soll breit, tief und lang sein, um den inneren Organen genügend Raum zu geben. Das schnelle Leistungspferd wird zur Entfaltung der Schnelligkeit im Brustkorb schmaler, in der Rippenwölbung flacher sein. Wichtig ist ein langes Brustbein und damit ein langer Brustkasten, der viel Platz für Herz und Lunge bietet. Eine Einschnürung des Brustkorbes hinter der Schulter ist unerwünscht.

Die **Skelettgrundlage** des Rücken bilden 18 Rückenwirbel, von denen 8 durch die Rippen mit dem Brustbein fest verbunden sind (siehe S. 24ff.). Der Rücken soll so lang sein, dass Vorderbeine – Rücken – Hinterbeine ein Rechteck bilden (siehe S. 32). Stuten haben einen relativ längeren Rücken als Hengste. Der zu kurze Rücken erschwert die

Gut bemuskelter Hals

Kurzer Hals

Losgelassenheit und führt häufig zu schwunglosen Bewegungen. Früher erstrebte man eine kurze, schnurgerade verlaufende Rückenlinie, heute wird ein längerer, etwas tiefer Rücken, d.h. ein Rücken, der hinter dem Widerrist eine geringe Eintiefung zeigt, gewünscht. Auf ihm liegt der Sattel besonders gut, diese Pferde sind oft ausgezeichnete Springer und haben weiche, für den Reiter angenehme Bewegungen. Fehlerhaft sind schlaffe und Senkrücken, hohe und Karpfenrücken.

Das Pferd hat 5 bis 7 Lendenwirbel, einige Pferde, oft das quadratische arabische Vollblutpferd, haben 5, andere 7, die meisten Pferde jedoch 6 Lendenwirbel. Sie sollen möglichst breite und lange Querfortsätze als Ansatzpunkte wichtiger Muskeln haben. Die Nieren- oder Lendenpartie muss breit und gut bemuskelt sein. Ihre Länge muss in harmonischem Verhältnis zum Gesamtkörper stehen. Eine mäßig lange Niere ist kein Schaden, eine zu lange Niere stört die Geschlossenheit und ist – insbesondere wenn sie schmal und eingefallen scheint – ein Zeichen schlechter Futterverwertung.

Gut ausgebildete Kruppe

Gerade Kruppe

Die **Kruppe** wird gebildet von den 5 fest miteinander verwachsenen Kreuzbeinwirbeln, den ersten 4 der 15 bis 21 Schweifwirbel und den 3 Hüftknochen – dem Darmbein, Sitzbein und Schambein. Die Kruppe soll lang, breit und gut bemuskelt sein, da sie der Hebel der Kraft ist. Zusammen mit den Hintergliedmaßen ist sie die Quelle aller Arbeitsleistung. Die Leistungskruppe ist die leicht schräge und nicht die ganz gerade, das Schönheitsideal vergangener Zeiten.

Zu einem schönen Pferd gehört ein gut getragener **Schweif**. Schlechte Schweifträger sind meistens Pferde ohne Nerv und Temperament. Eingeklemmte Schweife sind sehr oft ein Zeichen von Ängstlichkeit und mangelnder Losgelassenheit. Schief getragene Schweife sind ein erheblicher Schönheitsfehler und damit wertmindernd. Sie deuten häufig auf Verspannungen hin.

Kurze „abgeschlagene“ Kruppe

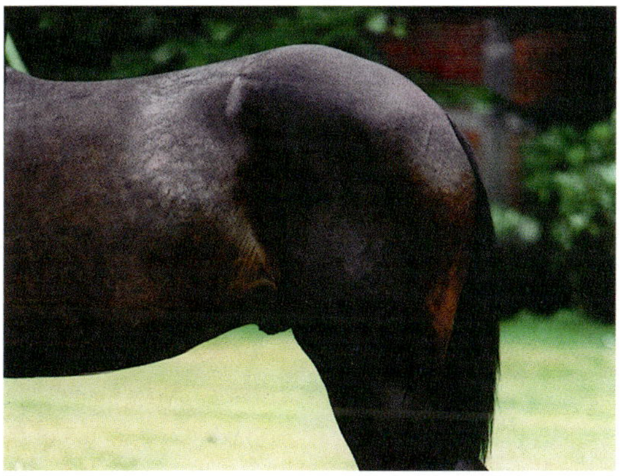

Steile Schulter

Der Wert einwandfreier **Vordergliedmaßen**, die bei Rennpferden von ausschlaggebender Bedeutung sind, darf nicht unterschätzt werden, obgleich die Hintergliedmaßen als der Motor der Bewegung von besonderer Wichtigkeit sind. Die Verbindung der Vordergliedmaßen mit dem Rumpf wird durch Muskeln und Sehnenhäute hergestellt. Der Rumpf ist gleichsam in einem Schwebegurt aufgehängt (siehe S. 27).

Die Vorderbeine sollen eine senkrechte Linie bilden, d.h. von vorne gesehen müssen sie parallel zueinander verlaufen, von der Seite gesehen dürfen sie nicht zu weit vor- oder zurückgestellt (vor- bzw. rückbiegig) sein. Eine von der Mitte des oberen Schulterblattes nach unten gefällte Linie muss Vorarm und Vordermittelfuß der Länge nach halbieren und fast am Ende des Ballens den Boden berühren.

Die **Schulter** soll für einen raumgreifenden und federnden Gang lang, breit und schräg sein. Das verhältnismäßig weit nach vorne liegende Buggelenk soll mit dem nicht zu kurzen Oberarm (Oberarmbein) einen rechten Winkel bilden.

Der **Ellenbogenhöcker** – der vom Ellenbogengelenk nach rückwärts aufsteigende Fortsatz des Ellenbogenbeines – muss als Anheftungspunkt für die wichtigsten Streckmuskeln des Vorarms möglichst lang und nach rückwärts gelagert sein. Warmblutpferde mit an der Brust angedrücktem Ellenbogen sind für schnelle Arbeit wertlos. Der Zwischenraum zwischen Ellenbogenhöcker und Brustkorb muss mindestens so sein, dass man die flache Hand dazwischen legen kann, andernfalls wird die Bewegungsfreiheit der Vorderbeine behindert. Pferde mit angedrücktem Ellenbogen sind beim Springen unsicher, sie verlieren bei Springfehlern leicht ihre Beine.

Lange, gute Schulter

Regelmäßige Stellung der Vorhand

Stellung der Vordergliedmaßen

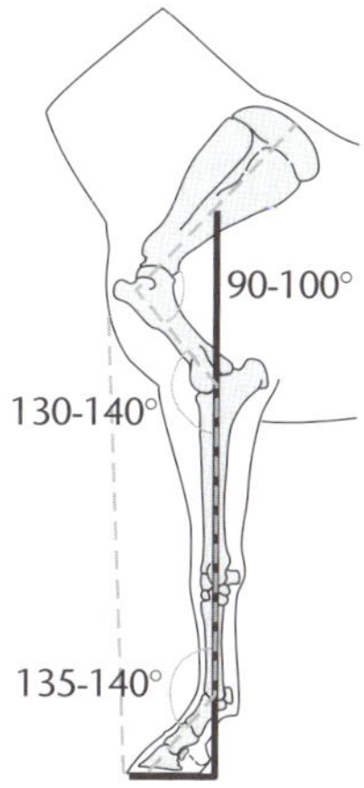

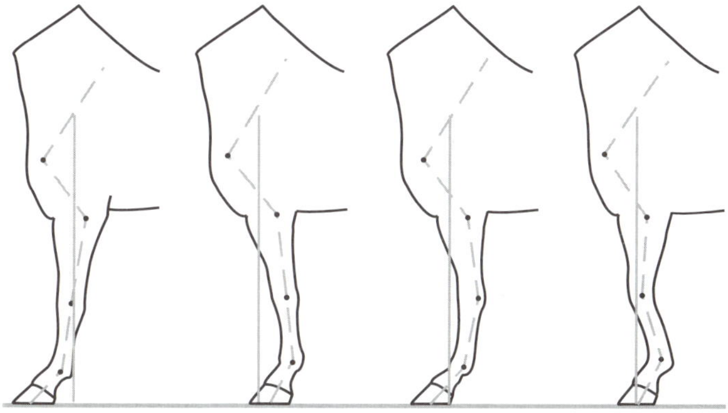

vorständig *unterständig* *rückbiegig* *vorbiegig*

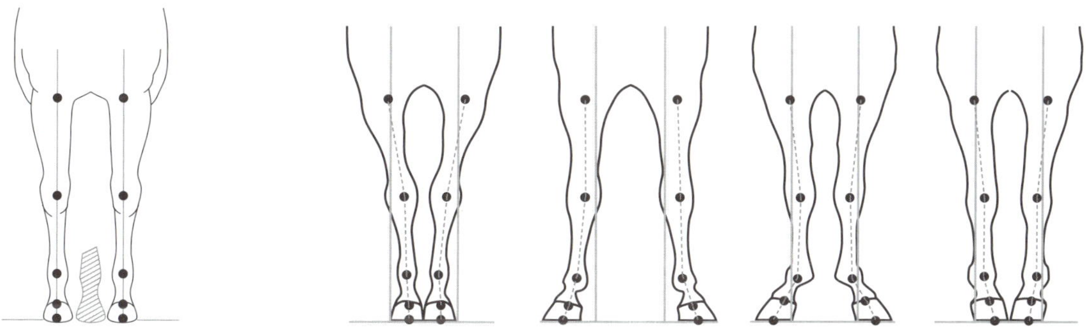

regelmäßig *bodeneng* *bodenweit* *zehenweit* *zeheneng*

Der **Vorarm** (Unterarmbein) soll kräftig bemuskelt und im Verhältnis zum Vordermittelfuß lang sein.

Die **Vorderfußwurzel** soll groß, breit und ausdrucksvoll sein, mit besonders beim Warmblutpferd gut ausgeprägtem Erbsenbein (siehe S. 24). Ein ausdrucksloses, schmales, geschliffenes oder oben und unten geschnürtes Vorderfußwurzelgelenk ist ein Zeichen von Schwäche.

Der **Vordermittelfuß** (Röhrbein) – oft Vorderröhre genannt – soll im Verhältnis zum Vorarm kurz und breit sein. Ein leicht „geschliffener Vordermittelfuß" ist unbedenklich, ein stark geschliffener dagegen ist unerwünscht und kein Zeichen für die Beine harter Leistungspferde. An der Vorderseite darf der Vordermittelfuß also nicht bogenförmig ausgeschnitten sein, an der Hinterseite müssen die Sehnen trocken, klar und breit ohne Verdickungen und Knoten erkennbar sein. Für die Haltbarkeit beim Gebrauch sind angeklatschte Sehnen (ausgeschnittene Vorderbeine) bedenklich. Eine nur angedeutete, geringe lose Stellung ist bei Renn- und Turnierpferden kein Fehler. Pferde mit dieser Stellung federn gewissermaßen in der Vorderfußwurzel und brechen nicht so leicht nieder wie Pferde mit ausgesprochen straffem oder gar rückbiegigem Vorderbein. Pferde, die unterständig sind, befinden sich nicht im natürlichen Gleichgewicht. Bei ihnen hängt die Vorhand, da sie schräg gestützt wird, nach vorne über (siehe S. 37).

Der Vordermittelfuß muss so kräftig sein, dass er harmonisch zum Gesamtkörper passt. Harmonie und insbesondere Nerv und Blut, d.h. die Arbeitsenergie, können niemals nach dem Röhrbeinmaß, das nur ein technisches Hilfsmittel sein darf, beurteilt werden.

Der **Fesselkopf** soll groß, trocken und klar sein, weder geschliffen noch aufgetrieben.

Die **Vorderfesseln** müssen in Stärke und Winkel harmonisch zum Vorderbein passen. Kurze, steile Fesseln sind unerwünscht. Sie sind bedenklich bei Springpferden und vermindern die Sicherheit des Ganges, sie führen oft zu frühem Verbrauch des Pferdes. Ihre Auswirkung kann durch günstige Lagerung von Schulter und Oberarm ausgeglichen werden. Zu lange Fesseln erschweren die Bewegung und vermindern die Schnelligkeit und Sicherheit des Ganges.

Die **Hintergliedmaßen** der Hinterhand sind die große Kraftquelle des Pferdes, in der die Kräfte für die Vorwärtsbewegung des Pferdes ruhen. Sie finden ihre Auswirkung durch eine günstige Winkelung zwischen großen Knochen des Hebelwerkes der Hinterhand, die die Körpermasse des Pferdes mechanisch vorwärts treiben. Die Verbindung zwischen Rumpf und Hintergliedmaßen wird durch das Hüftgelenk hergestellt. Der möglichst kräftig bemuskelte Oberschenkel soll lang und breit sein und so schräg liegen, dass er, von der Seite gesehen, bei Hengsten das Geschlechtsteil verdeckt. Zu offener Winkel der hinteren Gliedmaßen ist ungünstig für den Nachschub und die Dauer gesteigerter Kraftentwicklung bei schnellen Gangarten. Das Knie soll breit und kräftig sein. Eine ausdrucksvolle, kräftige, volle Bemuskelung muss vom Ober- zum Unterschenkel (die Hosen) führen, andernfalls spricht man von Fuchslendigkeit. Die regelmäßige Lage und ausreichende Länge des Unterschenkels bieten die besten Vorbedingungen für eine geräumige Bewegung der Hintergliedmaßen. Der kurze Unterschenkel – meist steil gestellt – hat einen kurzen, tappenden Schritt zur Folge.

Regelmäßige Stellung der Hinterhand

Stellung der Hintergliedmaßen

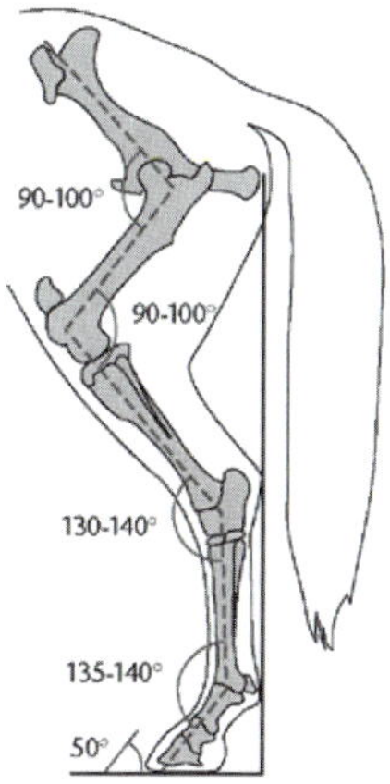

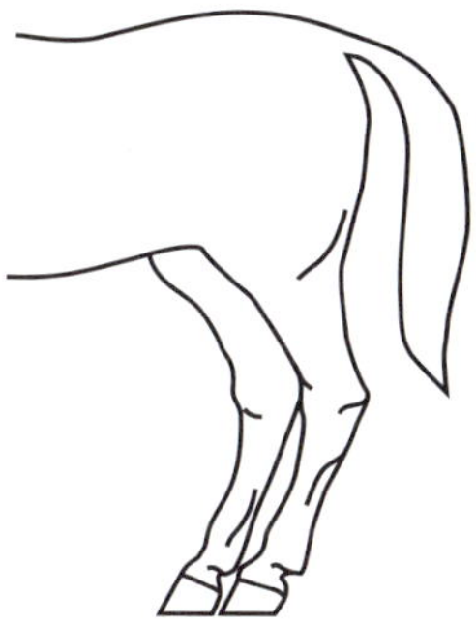

säbelbeinig

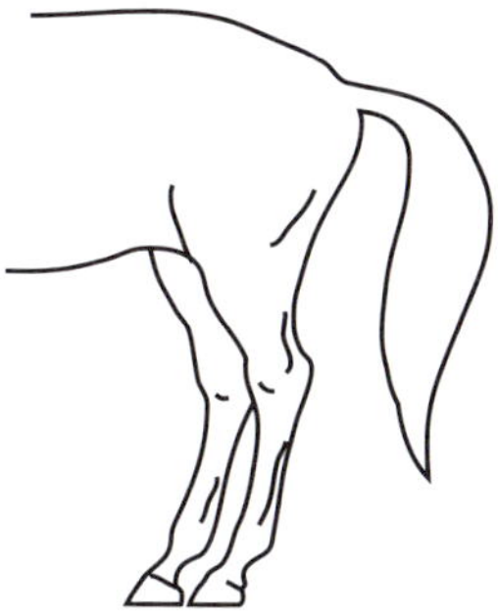

unterständig

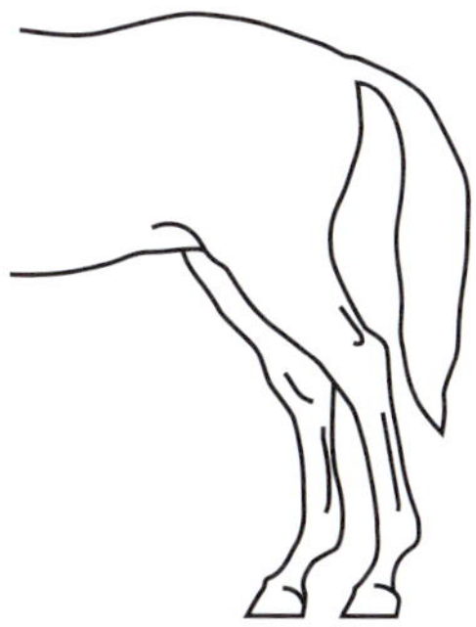

rückständig

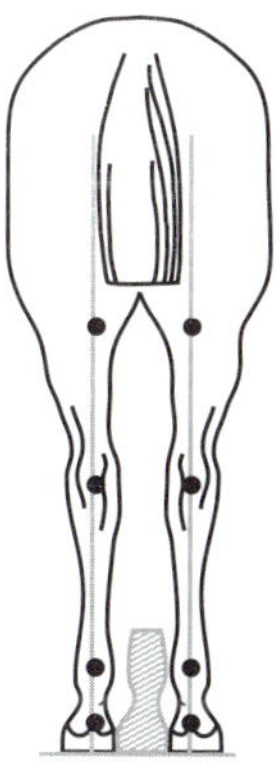

regelmäßig

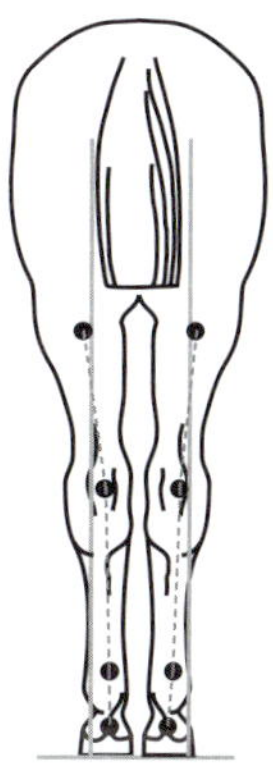

eng

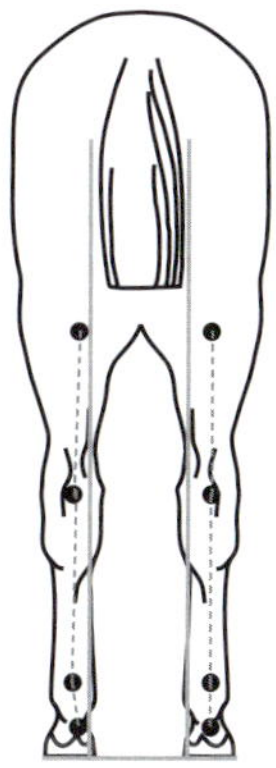

weit

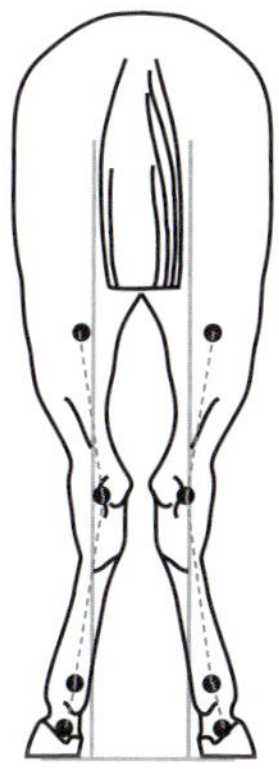

kuhhessig

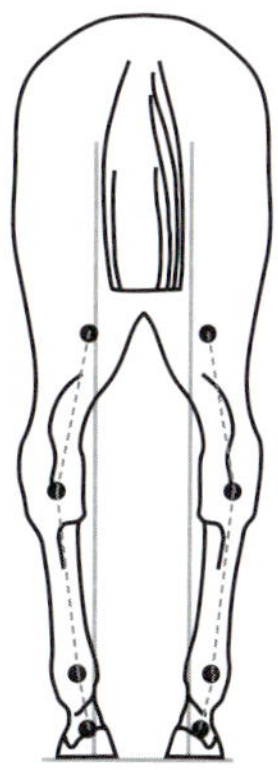

fassbeinig

Das **Sprunggelenk** ist das wichtigste und besonders bei schnellen Pferden am meisten beanspruchte Gelenk des Pferdes. Es besteht aus 7 Knochen, von denen das erste und zweite keilförmige Bein miteinander verbunden sind. Das Rollbein bildet mit dem Unterschenkel das Gelenk, in dem die Streckung und Beugung erfolgt (siehe S. 24). Da am Fersenbein die bedeutendste Strekksehne ansetzt, ist seine Länge und Breite von größter Wichtigkeit für die Leistungsfähigkeit. Je größer das Fersenbein, desto größer das Sprunggelenk. Ein kurzes, kleines, angedrücktes Fersenbein ergibt ein kleines Sprunggelenk. Das Sprunggelenk muss von vorne, von der Seite und von hinten betrachtet, ausdrucksvoll, lang, breit und möglichst nahe am Boden sein. Es muss ohne deutlichen Absatz in Unterschenkel und Hintermittelfuß übergehen. Ein sowohl von der Seite als auch von hinten schmal erscheinendes Sprunggelenk ist großen Anstrengungen nicht gewachsen. Eine starke Winkelung im Sprunggelenk führt leicht zu Überanstrengungen des Gelenks. Ein geringer Grad von zu starker Winkelung – ein rassetypisches Merkmal der meisten Bergpferde – ist unbedenklich. Rennpferde mit krummen Hinterbeinen sind sehr oft schnelle Starter. Die starke Winkelung gestattet ihnen, die Körperlast schneller aufzunehmen und vorwärts zu treiben als Pferde mit geraden Hinterbeinen. Andererseits gibt es viele berühmte Rennpferde – Steher und Flieger – sowie bekannte Springpferde mit auffallend geraden Hinterbeinen. Bei Dressurprüfungen finden wir meist normale oder leicht gewinkelte Hinterbeine, da es Pferden mit geraden Hinterbeinen schwer fällt, sich in der Hinterhand stark zu setzen. Je näher die Vorderfuß- und Hinterfußwurzeln oder Sprunggelenke dem Boden sind, umso sicherer wird sich das Pferd in jedem Gelände bewegen.

Fassbeinigkeit und **Kuhhessigkeit** führen besonders bei schwachen Sprunggelenken durch die mit ihnen verbundene ungleiche Belastung zu krankhaften Veränderungen der Knochen im Sprunggelenk. Die bekannteste ist der Spat, durch chronische Knochenhautentzündung entstandene Auftreibungen der kleinen Knochen des Sprunggelenkes. Dadurch kann die Elastizität und Gelenkigkeit des Sprunggelenkes sehr beeinträchtigt werden. Die Ursache der so genannten „stark abgesetzten Sprunggelenke" beruht oft nicht auf Spat, sondern auf scharf ausgeprägten Knochen. Man sollte deshalb bei Pferden, die nicht lahm gehen (Spatprobe), bei der Beurteilung scharf abgesetzter Sprunggelenke bezüglich Arbeit und Sport nicht überängstlich sein.

Die **Hasenhacke** oder verletzte Linie: Eine an der hinteren Fläche unterhalb des Sprungbeines sichtbare Auftreibung wird Hasenhacke oder verletzte Linie genannt. Eine angeborene oder durch äußere Verletzung entstandene Hasenhacke ist für den Arbeitsgebrauch meist harmlos. Griffelbeinknöpfe werden oft irrtümlicherweise als verletzte Linie angesprochen.

Die **Piephacke** ist eine Vergrößerung der an der Spitze des Sprunggelenks befindlichen Bursa (Schleimbeutel), die sich mit Flüssigkeit anfüllt. Sie entsteht oft durch mechanische Einflüsse, z.B. Schlagen gegen die Wand. Sie ist meistens nur als Schönheitsfehler zu bewerten.

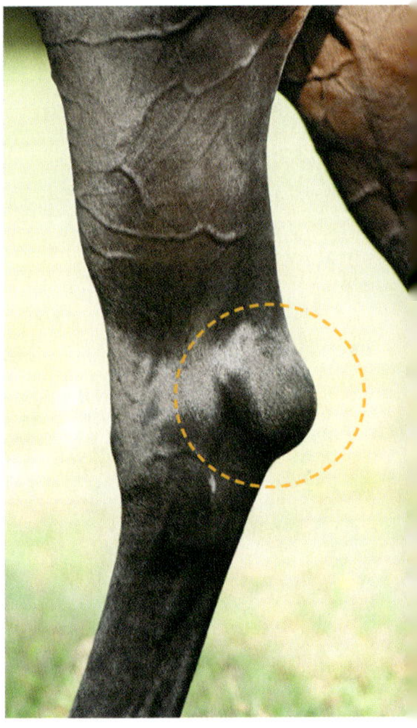

Piephacke

Das **Rehbein**, eine Verdickung an der äußeren, oberen Fläche des Hintermittelfußes, ist nur dann nachteilig, wenn es durch seine Lage einen schmerzhaften Druck auf die Beugesehnen ausübt. **Hintermittelfuß** und **Fessel**, die etwas weicher als die Vorderfessel sein darf, sind ähnlich wie beim Vorderfuß zu bewerten. Pferde mit weichen, elastischen Hinterfesseln haben meist angenehme Bewegungen. Zu weiche Hinterfesseln vermindern die Schnellkraft. Pferde mit zu steiler Fesselung sind schneller verbraucht, sie haben oft harte, stoßende Bewegungen.

Überbeine und **Gallen** sind bei jungen Pferden häufig ein Zeichen weicher Konstitution. Überbeine entstehen oft durch Schlag oder Stoß an der inneren und äußeren Seite des Mittelfußknochens, insbesondere bei längerer Einwirkung dieser Ursachen. Auch als Folge einseitiger Belastung kommen sie besonders an der äußeren Seite des Mittelfußknochens vor. Die Überbeine an der äußeren Seite der vorderen Mittelfußknochen sind im Allgemeinen unbedenklich, sofern sie nicht im Bereich einer Sehne liegen. Überbeine an der Innenseite der Vorderröhre sind dagegen ungünstiger zu beurteilen, da sie öfter mit einer o-beinigen Form der Vordermittelhandknochen und damit mit einer Störung der statischen Verhältnisse verbunden sind. Die an den Fesseln auftretenden Gallen sind schwerwiegender als die an den übrigen Gliedmaßen. Gallen entstehen entweder durch Überanstrengung oder durch Überfütterung, besonders mit Eiweiß. Gallen, die verhärten, führen oft zu Lahmheit.

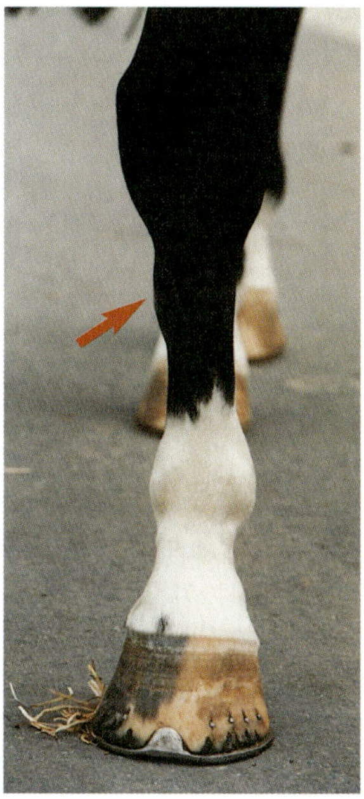

Überbein

Eine geringgradige Auswärtsstellung der Fesseln ist ohne Bedeutung. Stark ausgeprägt, verhindert sie das energische Abschnellen der Hinterbeine und führt zu Zerrungen und frühzeitigem Verschleiß.

Den **Hufen** ist bei der Beurteilung des Pferdes größte Aufmerksamkeit zu schenken. Der zu frühzeitige Abgang vieler Pferde erfolgt aufgrund ihrer erkrankten bzw. zu schnell verbrauchten Hufe. Der Huf des Pferdes muss nach Form und Größe, die rasse- und umweltbedingt sind, im richtigen Verhältnis zu dem übrigen Körper stehen. Beim edlen Pferd ist er kleiner und steiler, beim schweren Pferd größer und breiter. Weicher, insbesondere mooriger Boden bedingt auf die Dauer flachere, größere und weichere Hufe als harter, steiniger Boden.

Der regelmäßig geformte Huf.

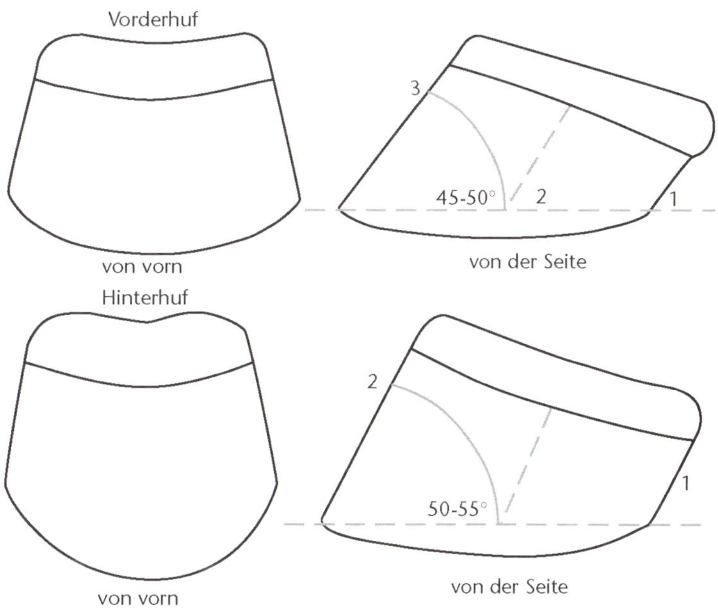

Der Huf soll aus hartem, festen Horn und nicht spröde sein, glatt ohne Unregelmäßigkeiten in der Hornwand wie Ringe, Spalten usw. Der Strahl muss gesund und kräftig entwickelt sein. Niedrige Trachten, insbesondere in Verbindung mit steilen Fesseln, sind für Leistungspferde sehr bedenklich, ihnen fehlt die notwendige Federung.

Hufform

Zwischen einem regelmäßigen Vorder- und Hinterhuf bestehen folgende Unterschiede: Von der Seite betrachtet beträgt das Verhältnis der Länge der Vorderwand zu der Länge der Trachten am niedrigeren Vorderhuf 3:1, am höheren Hinterhuf 2:1. Die Vorderwand bildet mit dem Erdboden am Vorderhuf einen Winkel von 45 bis 50 Grad, am Hinterhuf einen Winkel von 50 bis 55 Grad, d.h. der Hinterhuf ist steiler gstellt als der Vorderhuf. Von vorne betrachtet ist der Vorderhuf weiter als der entsprechende Hinterhuf (enger) (siehe S. 41). Die von dieser Normalstellung abweichenden Hufstellungen sind anormal, soweit es sich nicht um rassetypische Merkmale handelt, z.B. die häufig zehenweite Stellung der Fjordponys.

Bockhuf und **Bärenfüßigkeit** werden in ihrer Anlage meistens vererbt.

Die **Größe des Pferdes** ist letztendlich kein Qualitätskriterium. Dennoch sind zu große, insbesondere hochbeinige Pferde als Zuchtpferde und als Gebrauchspferde kritisch zu beurteilen. Sie sind oft unsichere Vererber und unwirtschaftlich in der Haltung, da sie viel Futter benötigen. Sie sind in der Leistung, insbesondere im Gelände, meistens nicht so ausdauernd und geschickt wie die mittelgroßen und kleinen Pferde in großem Rahmen. Diese tragen das Reitergewicht ebenso zuverlässig wie große Pferde und ermüden auch unter schwerer Belastung nicht so schnell. Trotzdem bevorzugen einige Reiter nicht nur große, sondern auch hochbeinige Pferde, da sie sie für repräsentativer halten.

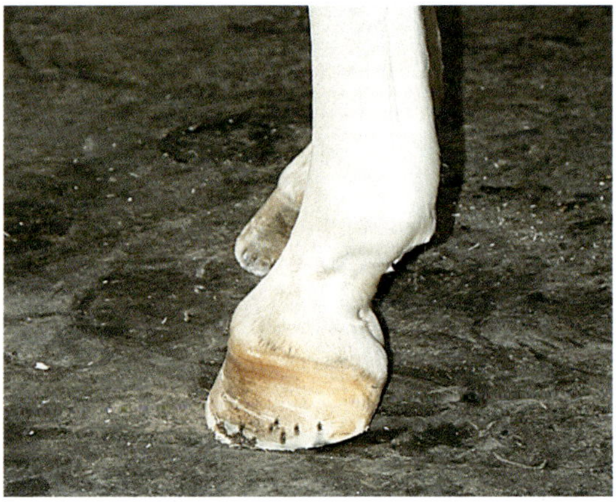

Bockhuf

Flacher Huf

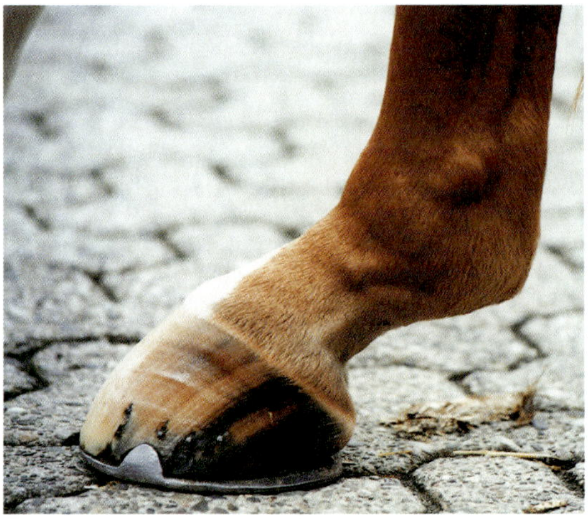

Bärentatze

Beurteilung des Ganges

Die Beurteilung des Ganges geschieht unter dem Reiter in den 3 Gangarten Schritt, Trab und Galopp, an der Hand im Schritt und im Trab, bei Isländern zusätzlich unter dem Reiter und an der Hand im Pass und Tölt. Die Vorführung auf einem Dreieck ermöglicht eine Beurteilung von hinten, von der Seite und von vorne. Beurteilt werden die Korrektheit und Mechanik des Ganges und der Antrittswille. Das Pferd muss gerade gehen und dorthin treten, wohin der Fuß zeigt. Die Bewegungen müssen raumgreifend, taktmäßig, schwungvoll und energisch sein.

Der lange, fleißig schreitende, nicht am Boden klebende **Schritt** ist die wichtigste Gangart für alle Pferderassen. Je länger der Schritt, desto besser. Pferde mit kurzem Schritt sind für jeden Verwendungszweck ungeeignet und damit häufig wertlos. Bei einer normalen Schrittbewegung sollen die Hinterhufe mindestens in die Fußspuren der Vorderhufe treffen oder sogar über diese hinausgreifen (viel Schub). Fußen die Hinterhufe deutlich hinter den Spuren der Vorderhufe, ist der Schritt zu kurz. Der Schritt besteht aus einer diagonalen Fußfolge. Man hört in 4 gleichen Zeitabständen 4 aufeinander folgende Hufschläge, z.B. vorne links – hinten rechts – vorne rechts – hinten links. Pferde mit gutem Schritt haben oft auch einen guten Galopp.

Der **Trab** soll eine natürlich schwungvolle, raumgreifende Bewegung ohne allzuhohe Knieaktion sein. Der gute Schub des Trabes soll sich aus einer kraftvollen Hinterhand entwickeln. Die Hinterbeine sollen kadenziert weit unter den Schwerpunkt treten. Beim Trab sind 2 Hufschläge regelmäßig hörbar, die Füße werden diagonal gleichmäßig aufgesetzt.

Der weit ausgreifende, lange bergauf Galoppsprung des Warmblutpferdes soll losgelöst von aller Erdenschwere sein. Der **Galopp** ist eine natürliche Art der Bewegung des Pferdes, bei der die einzelnen Sprünge leicht raumgreifend und taktmäßig (Dreitakt) aufeinander folgen sollen.

Der Hahnentritt ist eine Abnormität des Ganges, er äußert sich in einem ruckartigen und hohen Abheben eines der beiden Hinterbeine infolge gesteigerter Zusammenziehung der Hinterschenkelmuskulatur.

Hinweis: Die Bewegungsabläufe in den drei Grundgangarten Schritt, Trab und Galopp sind ausführlich dem Kapitel 4.3 zu entnehmen.

Interieur

Die Beurteilung der Interieureigenschaften ist ein unentbehrlicher, besonders wichtiger Bestandteil für die Einschätzung eines Pferdes. Sie soll zeigen, ob das betreffende Pferd voraussichtlich geeignet ist, um mit dem für ihn ausgewählten Reiter und Ausbilder den erstrebten Verwendungszweck zu erreichen.

Die inneren Eigenschaften beeinflussen weitgehend die reiterliche Eignung und damit den Wert des Pferdes. Schlechte Charaktereigenschaften sind heute aus den deutschen Zuchten durch konsequente Leistungsprüfung größtenteils ausgemerzt. Sie werden jedoch teilweise wieder eingebracht durch solche Pferde mit mangelnden Interieureigenschaften wie Charakter- und Temperamentsfehlern.

Charakterfehler wie Beißen, Schlagen, Scheuen und Nichtziehen sind oft erheblich und treten gehäuft in einzelnen Blutlinien auf, die möglichst ausgemerzt werden sollten. Sie sind schwer und nur mit viel Liebe, Einfühlungsvermögen und Energie zu korrigieren; insbesondere treten sie bei einem Reiterwechsel leicht wieder auf. Wie die

Merke:

Man hüte sich vor dummen, nervösen, schreckhaften Pferden, sowie vor denen mit mangelnder Gesundheit, Konstitution und Leistungsbereitschaft. Das moderne Pferd muss von Natur aus allen reiterlichen und reitsportlichen Anforderungen weitgehend entgegenkommen.

Fehler, so vererben sich auch die Vorzüge, insbesondere die des Charakters wie Gutmütigkeit, Ehrlichkeit, Arbeitsbereitschaft und Begabung für einzelne Verwendungszwecke, sodass der Kenner der betreffenden Rasse manche Schlüsse über die voraussichtlichen Interieureigenschaften aus dem Studium der Ahnentafel ziehen kann.

Weitere für den Wert und Verwendungszweck eines Pferdes ausschlaggebende Interieureigenschaften sind Gesundheit, Konstitution, Regenerationsvermögen nach größeren Anstrengungen, Futterverwertung, Leistungsbereitschaft, Temperament und Intelligenz. Auf letzteren beruhen die Aufmerksamkeit und das Auffassungsvermögen für die Wünsche und Einwirkungen des Reiters. Ruhe und Aufmerksamkeit sind mindestens genauso wichtig wie ein schönes Exterieur.

2.2 Abwägende Gesamtbeurteilung

Nach intensiver Betrachtung der einzelnen Körperteile muss der Beurteiler die Ergebnisse seiner Einzelbetrachtungen wie Mosaikteilchen zusammenfügen, um die Qualität des Pferdes in seiner Gesamtheit ausgewogen einschätzen zu können. Dabei wird es sich immer um einen Versuch handeln, die positiven und negativen Auffälligkeiten zusammenzufügen und gegeneinander abzuwägen. Wichtig ist dabei, ernsthafte Fehler zu erkennen und richtig einzuschätzen. Es kann nicht deutlich genug darauf hingewiesen werden, dass es beim Pferd Ausprägungsabweichungen vom Ideal gibt, die sich lebensverkürzend auswirken können und die die Reitqualität dauerhaft mindern. Solche Mängel sind nicht zu verzeihen und bedürfen einer deutlichen Berücksichtigung bei der Beurteilung eines Pferdes. Ausprägungsabweichungen von der Norm bzw. dem Ideal, die die Eignung als Reitpferd nicht herabsetzen bzw. die gesundheitliche Konstitution nicht minimieren sind tolerierbar und sind bei der Gesamteinschätzung nicht überzubewerten. Die Beurteilung des Pferdes ist eben doch eine Kunst, die viel Erfahrung und Grundkenntnisse voraussetzt, um eine realistisch richtige Gesamteinschätzung der reiterlichen und gesundheitlichen Eigenschaften eines Pferdes vorzunehmen. Letztendlich handelt es sich dabei um eine Wertfestetellung des Pferdes als Reit-, Fahr- oder Zuchtpferd, aber immer vor dem Hintergrund der angestrebten Nutzung. Hinsichtlich der bereits angesprochenen lebensverkürzenden Mängel oder solcher, die die Nutzung dauerhaft herabsetzen, dürfen keinerlei Zugeständnisse gemacht werden; dies gilt insbesondere für die züchterische Selektion. ■

KAPITEL 3

Haltung des Pferdes

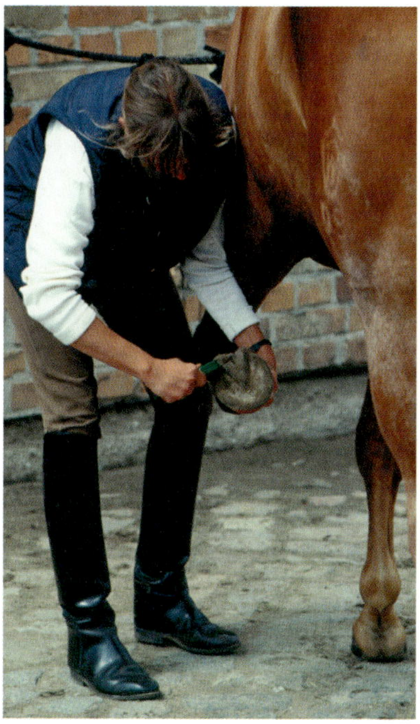

3.1 Pferdepflege

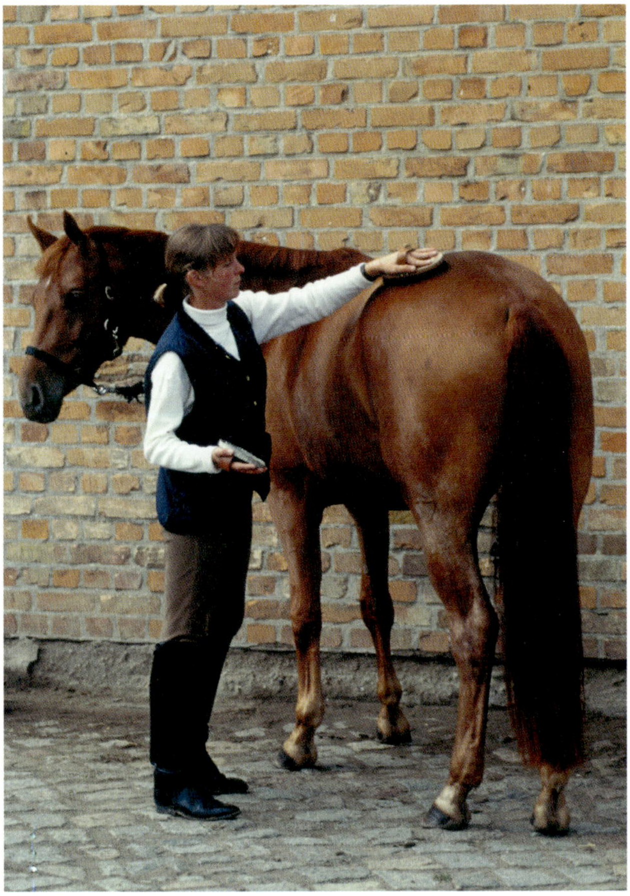

Beim Putzen auf der linken Seite nimmt man die Kardätsche in die linke, den Striegel in die rechte Hand.

Die Gesundheit des Pferdes ist wesentlich vom richtigen Stoffwechsel der Haut abhängig. Das tägliche Putzen bezweckt einmal die Reinigung der Haare und Haut von Staub, Schmutz und Hautabsonderungen, wie Schuppen und Schweiß, zum anderen eine Massage, welche die Durchblutung der Haut und des Unterhautbindegewebes sowie die Hautatmung fördert. Das Putzen ist also nicht nur ein Reinigungsvorgang, sondern auch eine wesentliche gesundheitliche Maßnahme, die eine bedeutende Rolle für das Wohlbefinden, die Leistungsfähigkeit und Widerstandskraft des Pferdes spielt. In der Natur sorgen die Herdengenossen durch Knabbern bzw. das Pferd selbst durch Wälzen oder Scheuern dafür. Hier könnte tägliches Putzen sogar schädlich sein, denn eine gewisse Fett- und Staubschicht schützt das Pferd vor Witterungseinflüssen. Bei der Stallhaltung muss der Mensch diese Aufgabe übernehmen. Das Putzen erhöht zudem das Vertrauen zwischen Mensch und Pferd. Jede Rohheit und jedes Necken des Pferdes haben selbstverständlich zu unterbleiben. Untugenden sind konsequent abzustellen. Wenn man die Boxe betritt, soll man das Pferd ansprechen, damit es nicht erschrickt. Man klopfe das Pferd oder streichle es am Hals und Rücken. Man spreche viel mit dem Pferd, da ihm die menschliche Stimme Vertrauen einflößt und beruhigend wirkt.

Ein einmaliges, tägliches, gründliches Putzen ist neben der regelmäßigen Abwartung nach der Arbeit erforderlich. Ein geputztes Pferd muss am ganzen Körper sauber sein, auch unter der Mähne, dem Bauch, an den Beinen, am Kopf und am Schweifansatz. Die Hufe müssen sorgfältig ausgekratzt sein.

Zum täglichen Putzen soll das Pferd aus der Boxe geholt werden. Erstens sieht man mehr und kann besser arbeiten, zum anderen verunreinigt man den Stall des Pferdes nicht. Wenn kein Putzplatz im Freien zur Verfügung steht, sollte das Pferd auf die Stallgasse gestellt werden. Möglichst beidseitiges Anbinden verhindert Spielereien und Untugenden. Das Anbinden kann mittels dünner, nicht zu schwerer Ketten oder Stricke erfolgen. Die Anbringung am Haltering und am Halfter muss leicht zu lösen sein. Dazu eignen sich Spezialhaken (Panikhaken), die auch bei Belastung, wenn das Pferd daran zieht, mit einem Handgriff zu lösen sind.

Pflege der Deckhaare, Haut- und Körperöffnungen

Das Putzen beginnt auf der linken Seite von vorne nach hinten. Zunächst erfolgt das Aufrauen des Felles mit dem Striegel zur Beseitigung stärkerer Schmutzkrusten. Durchgestriegelt werden nur die bemuskelten Körperteile. Man verwendet den Striegel niemals für Körperteile, an denen das Fleischpolster fehlt, wie Kopf, untere Gliedmaßen und Hüftknochen. Diese werden mit der Bürste gereinigt. Der Striegel darf keine scharfen Kanten haben. Gummistriegel eignen sich besonders für empfindliche Pferde. Sie erfüllen ihren Zweck und können keine Verletzungen hervorrufen. Auf der linken vorderen Hälfte des Pferdes hält man den Striegel zweckmäßig in der linken Hand, beim Putzen der linken Hinterhälfte in der rechten Hand und entsprechend umgekehrt auf der rechten Seite.

Nach dem Durchstriegeln nimmt man die Kardätsche auf der linken Seite in die linke, den Striegel in die andere Hand. In langen, ruhigen Strichen wird der aufgeraute Staub mit der Kardätsche aus dem Fell geputzt. Dabei streift man die Kardätsche jedesmal am Striegel ab. Der mit Staub gefüllte Striegel wird von Zeit zu Zeit am Boden ausgeklopft. Das Putzen des Kopfes verlangt besondere Behutsamkeit. Nachdem das Halfter gelöst und um den Hals gestreift ist, kann der Kopf vorsichtig mit der Kardätsche gereinigt werden. Versteckter gelegene und schwieriger zu reinigende Stellen wie Ohren, Halsteil unter der Mähne, zwischen den Unterkieferästen, Bauch, Innenseite der Beine und Fesselbeugen dürfen beim Putzen nicht vernachlässigt werden. Durch abschließendes Abwischen mit einem Lappen können letzte Staubreste entfernt werden.

Augenwinkel, Nüstern, Maulspalte, Unterseite der Schweifrübe und After müssen täglich mit einem Schwamm ausgewaschen werden. Für Kopf und After sollten 2 verschiedene Schwämme benutzt werden. Diese müssen häufig in heißem Wasser gründlich ausgespült werden. An warmen Tagen sind Waschungen zu empfehlen, eine vollständige und gründliche Trocknung muss jedoch gewährleistet sein. Die Fesseln sind nach dem Waschen durch Abstreifen mit den Fingern und nachfolgendem Abreiben mit einem Tuch gut abzutrocknen. Abwaschen des Rückens, der Brust und der Gurtlage mit kaltem Wasser kräftigt die Haut und schützt gegen Druck- und Scheuerstellen.

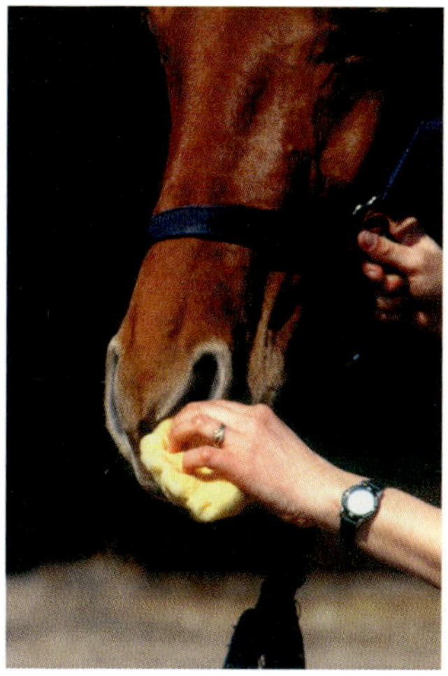

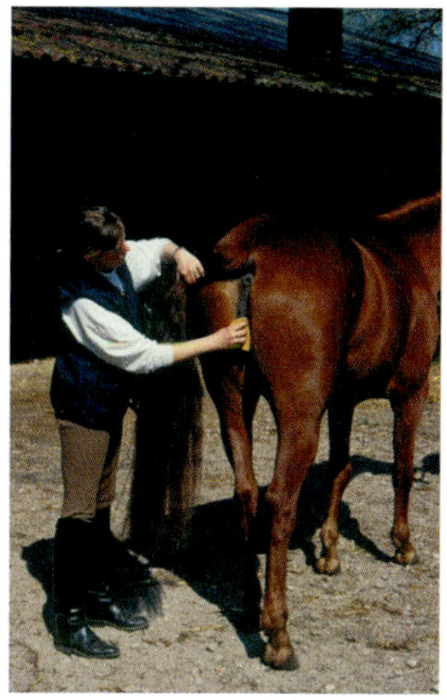

Auswaschen von Nüstern sowie Scheide und After mit zwei unterschiedlichen Schwämmen

Pflege der Langhaare

Der Schweif wird täglich mit der Hand verlesen. Die Mähne lässt sich gut mit einer angefeuchteten Bürste bürsten.

Auch Mähnenkamm und Schweifwurzel müssen kräftig gebürstet werden. In den Schweif selbst gehören weder Kamm noch Bürste, da man damit zu viele Haare ausreißt. Ca. alle 14 Tage bis 4 Wochen sollten Mähne und Schweif mit warmem Wasser und Shampoo gewaschen und anschließend gut ausgespült werden.

Frisieren

Die Mähne des Reitpferdes soll etwa eine Handbreit lang und nicht zu dick sein und glatt auf einer Seite anliegen. Sie wird nicht geschnitten, sondern ca. alle 8 Wochen verzogen. Dazu fasst man mit einer Hand einige lange Haare aus der unteren Mähnenschicht. Die kürzeren Deckhaare werden mit dem Mähnenkamm gegen den Strich zurückgeschoben. Nun umwickelt man den Kamm mit den verbleibenden langen Unterhaaren und

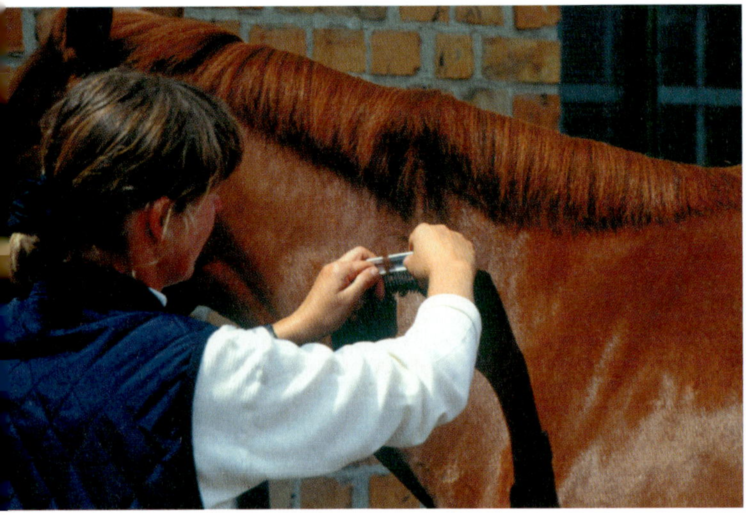

Verziehen der Mähne

zieht diese mit einem Ruck heraus. Auf diese Weise wird die ganze Mähne auf eine gleichmäßige Länge verzogen. Schlecht liegende oder auf 2 Seiten fallende Mähnen flicht man für kürzere Zeit in Zöpfe ein. Ebenso werden Mähne und Schopf zum Turnier eingeflochten. Die Zahl der Zöpfe hängt von der Länge des Pferdehalses ab. Die Zöpfe werden mit Gummiband befestigt und mit weißem oder farbigem Leinenklebeband umwickelt. Die Mähne kann auch kurz geschoren werden. Sie lässt sich dann leichter pflegen. Bei vermehrter bzw. überwiegender Weidehaltung empfiehlt es sich, die Mähne länger wachsen zu lassen. Sie schützt dann auf natürliche Weise gegen Insekten.

Der Schweif soll an der Rübe schmal sein und nach unten breit fallen. Die zu langen seitlichen und unteren Haare an der Schweifrübe werden bis dorthin entfernt, wobei in der Bewegung bei natürlich getragenem Schweif die Rübe in die nach unten senkrechte Stellung übergeht. Früher wurden die Schweifhaare ausgezogen, heute schneidet man sie meistens mit einer an der Spitze gekrümmten Schweifschere oder einer Schermaschine ab. An den Schweifen der Ponys werden die Seitenhaare nicht entfernt.

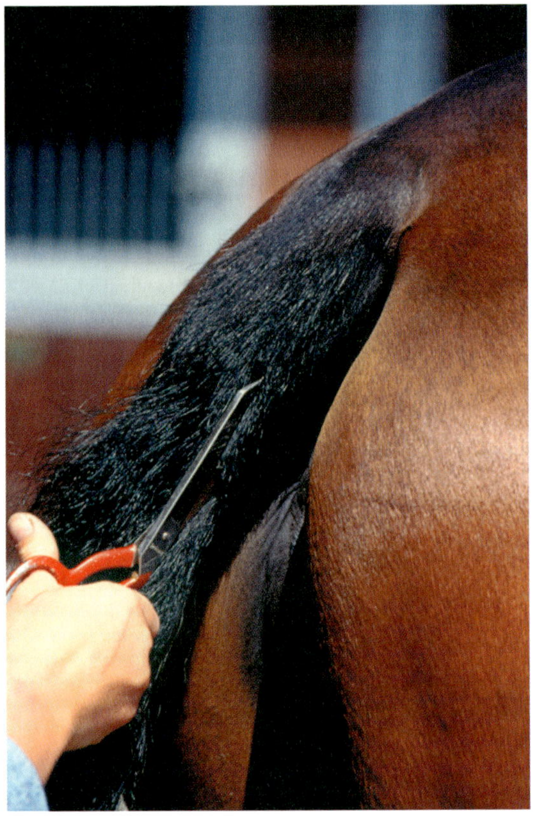

Frisieren der Schweifrübe

Unten beschneidet man den Schweif so, dass er im Gang etwa eine Handbreit unterhalb der Sprunggelenke waagerecht endet. Der Schweif des Wagenpferdes wird oberhalb der Sprunggelenke abgeschnitten. Es empfiehlt sich, vor besonderen Anlässen den Schweif nachts feucht einzuflechten.

Die Fesselhaare sind beim Warmblutpferd abzuscheren, damit es möglichst edel erscheint. Das Scheren der Fesseln geschieht von oben nach unten bis zur Fesselbeuge herab mit einem Hunde-Trimmesser, einer gebogenen Fesselschere oder der Schermaschine über einen untergelegten Kamm. Dabei werden alle Haare ohne Treppenbildung gekürzt. Es bleibt ein kurzer, nach unten spitz zulaufender Zopf, der das Wasser über den Ballen hinweg auf die Erde abtropfen lässt. Die Ballen werden in umgekehrter Richtung – auf das Fesselgelenk zu – ausgeschoren. Das Entfernen dieses natürlichen Schutzes verlangt eine besonders sorgfältige Reinigung und Trockenhaltung der Fessel. Zum Pony und zu den Kaltblütern gehört der Fesselbehang.

Von den übrigen langen Haaren dürfen nur die über die Ohrmuschel hinausragenden und die am unteren scharfen Rand der Kinnbacken vornehmlich im Winter wachsenden harten, langen Haare abgeschnitten werden. Niemals dürfen die Haare in den Ohren sowie die Tasthaare am Maul und an den Nüstern durch Ausreißen oder Abschneiden entfernt werden.

Das Scheren ist bei Pferden zu empfehlen, die ein besonders langes und dichtes Winterhaar haben. Solche Pferde schwitzen bei der Arbeit stark, wodurch sie sehr schwer wieder trocken zu bekommen sind und sich unter Umständen erkälten. Außerdem wird die Hautatmung durch das kürzere Haar gefördert, und die Pferde lassen sich besser putzen. Bei Boxenhaltung mit Außenklappen (oder Offenstallhaltung) sollten ganz geschorene Pferde bei extrem kalter Witterung (unter 0° C) eingedeckt werden. Eindecken geschorener Pferde im Stall während der warmen Jahreszeiten erübrigt sich. Die Thermoregulation des Pferdes ist in der Lage, sich den entsprechenden Fellbedingungen anzupassen. Unter normalen Verhältnissen führt das Eindecken im Stall nur zur Minderung der Widerstandskraft gegen Erkältungen. Sommerdecken können zum Schutz gegen Insekten angebracht sein.

Die verschiedenen Möglichkeiten der Schur werden vom Verwendungszweck des Pferdes bestimmt.

Bandagieren

Bandagen schützen die Pferdebeine gegen äußere Verletzungen durch Stöße, Schläge oder Streichen. Bandagen sind vor allem bei jungen Pferden, deren Bewegungen noch unkontrolliert sind, zu empfehlen sowie im Gelände und zum Springen. Nicht sachgemäß angelegte Bandagen können Blutstauungen, Druckschäden und Bewegungsstörungen hervorrufen. Sandkörner, die beim Reiten durch tiefen Sand zwischen Bein und Bandage geraten, verursachen leicht Scheuerstellen und Entzündungen. Durchnässte Bandagen soll man abnehmen, sie ziehen sich beim Trocknen zusammen und behindern die Blutzirkulation.

Zum Bandagieren braucht man eine 1,80 bis 3,00 m lange und 10 bis 15 cm breite wollene oder elastische Bandage. Die Bandage ist zunächst sorgfältig fest und gerade zusammenzurollen, sodass die Verschlüsse nach innen zu liegen kommen.

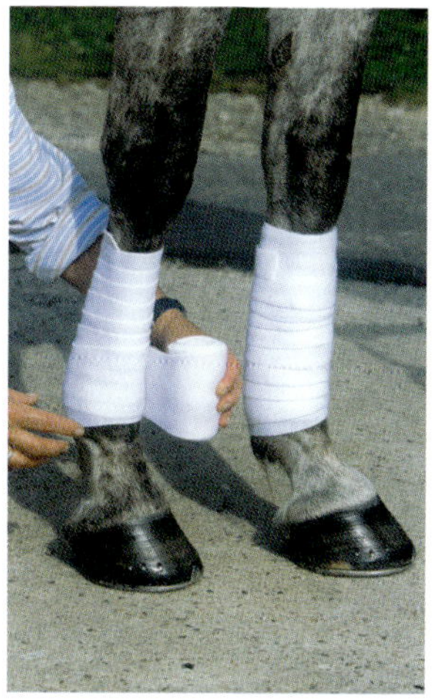

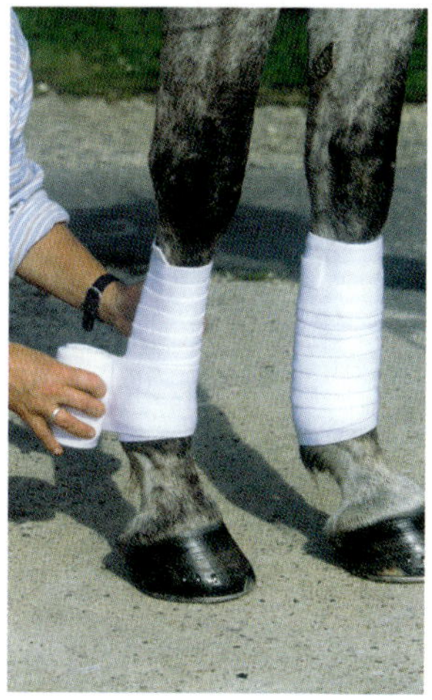

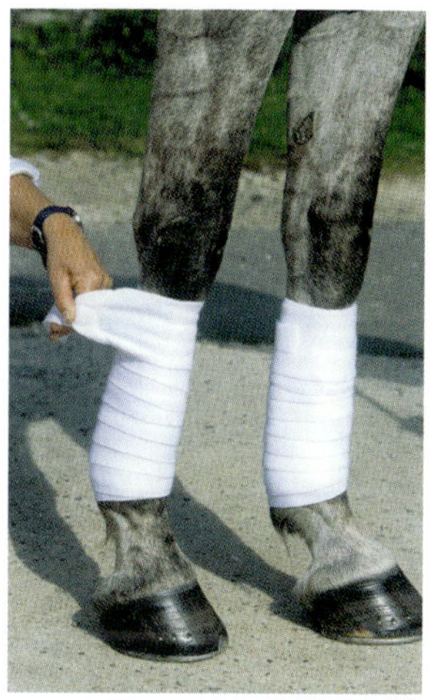

Anlegen der Bandagen

Eine schief oder locker aufgerollte Bandage rollt sich schlecht ab. Alle störenden Fremdkörper (Sand, Strohhalme usw.) sind aus der Bandage und vom Pferdebein zu entfernen. Beim Anlegen der Bandage muss das Pferd mit dem Bein fest durchtreten. Man legt die Bandage an das Bein an, dann wickelt man von oben nach unten und von rechts nach links bis um den Fesselkopf und wieder aufwärts, wobei die Wickelungen etwas schräg gelegt werden. Die Fesselbeuge bleibt frei (siehe Abbildung auf Seite 49). Es ist wichtig, dass die Bandagen beim Wickeln völlig glatt und gleichmäßig anliegen, dass sich keine Falten bilden und sie nirgends drücken. Bei gut angelegten Bandagen erscheint das Bein überall gleichmäßig dick. Ein sorgfältiges Zubinden oder Sichern mit Klettverschlüssen ist wichtig. Mit den Bändern, die mit dem Fingernagel glatt gestrichen werden, darf das Bein nicht eingeschnürt werden. Die Schleife darf nur in sich fest angezogen sein. Die Knoten müssen außen sitzen und dürfen nicht auf die Sehnen drücken. Die Enden der Schleifen müssen gut gesichert und weggesteckt werden. Die Gefahr, dass sich die Bandage während des Rittes löst, lässt sich ausschalten, indem man die Bänder zusätzlich mit Isolierband umklebt oder Bandagenriemchen verwendet. Praktischer sind Bandagen mit glatt liegenden Klettverschlüssen, die keinen Druck befürchten lassen.

Noch besseren Schutz – insbesondere bei schnelleren Gangarten sowie beim Springen – erfüllen in Größe und Form passende Filz-, Leder- oder Plastikgamaschen.

Abwarten

Das Abwarten nach der Arbeit hat, genau wie das Putzen, großen Einfluss auf das Wohlbefinden und die Gesundheit des Pferdes. Seine Vernachlässigung ist ein Zeichen mangelnder Tierliebe und eines wahren Reiters und Pferdefreundes unwürdig. Es ist möglichst zu vermeiden, die Pferde in nass geschwitztem Zustand in den Stall zurückzubringen. Eine genügend lange Schrittbewegung (10 bis 15 Minuten) oder Umherführen (Trockenführen) der Pferde hat für eine allmähliche Abkühlung zu sorgen. Bei warmem Wetter reinigt man das Pferd, beginnend an den Beinen, mit Wasser und Schwamm mit Ausnahme der Nierenpartie, da das Pferd hier besonders empfindlich ist. Die Beine werden abgespritzt oder abgewaschen. Das Wasser wird danach mit der Hand nach unten abgestreift. Die nassen Stellen am Körper des Pferdes werden nach dem Abschwammen mit dem Schweißmesser abgezogen. Ebenso wichtig ist es, sämtliche Körperöffnungen gut auszuwaschen. Nach dem Abwaschen lässt man das Pferd in der Sonne trocknen oder führt es trocken.

Bei kühlem Wetter darf ein nass geschwitztes Pferd erst recht nicht ohne genügendes Trockenreiten oder -führen in den Stall gestellt werden. Man reibt es mit fest zusammengedrehten Strohwischen gründlich trocken. Zum Nachtrocknen können alte Frottiertücher verwendet werden. Nach völliger Abtrocknung wird das Pferd gründlich durchgeputzt, um die durch Schweiß und Schmutz verklebten Poren zu öffnen und die Durchblutung der Haut anzuregen. Zugluft ist zu vermeiden.

Merke:

Das Putzen, Waschen sowie Frisieren des Pferdes ist den jeweiligen Haltungs- und Nutzungsbedingungen anzupassen.
Bei vermehrter Weidehaltung gilt es einerseits, die schützende oberflächliche Talg- und Fettschicht des Haarkleides und der Haut zu erhalten. Andererseits sind Sattel-, Geschirr- und Zaumzeuglagen gut zu säubern.
Stallhaltung und vermehrt sportliche Nutzung verlangen nach mehr Pflege bzw. Sauberkeit.
Dabei ist das Pflegen (Massage) vor und nach dem Reiten (Abwarten) gleich wichtig.
Zum Wohlbefinden des Pferdes gehört auch das Wälzen nach der Arbeit (auf dem Auslauf, der Weide, dem Reitplatz etc.).

3.2 Hufpflege

Bei der Haltung und Nutzung des Pferdes durch den Menschen muss der Wegfall der natürlichen Lebensbedingungen beachtet und durch entsprechende Maßnahmen ausgeglichen werden. Die wild lebenden Artgenossen kommen ohne Hufpflege und Hufbeschlag aus.
Wachstum und Abnutzung des Hufhornes halten sich die Waage. Hornqualität und Hufform sind den Bodenverhältnissen angepasst. Beim Arbeits-, Reit- oder Rennpferd ergeben sich völlig andere Konstellationen. Selbst ein Pferd auf der Weide lebt nicht unter natürlichen Bedingungen, denn sein Lebensraum wird durch den Zaun auf ein kleines Areal eingeengt. Hufpflege und Hufbeschlag müssen die unnatürliche Abnutzung des Hufes korrigieren.

Pflege der Fohlenhufe

Im Hinblick auf die spätere Nutzung muss eine regelmäßige Hufpflege schon im Fohlenalter beginnen. Das ist erforderlich, da nur im Wachstum z.B. Stellungsfehler in gewissem Maße korrigiert werden können. Beim erwachsenen Pferd sind Korrekturen nur bedingt möglich. Bei neugeborenen Fohlen bedeckt eine polsterähnliche, zottige und weiche Hornmasse – das Fohlenkissen – die Sohlenfläche des Hufes. In wenigen Tagen ist es eingetrocknet und von selbst abgefallen. Die Fohlenhufe sind zunächst am Tragerand wesentlich enger als am Kronrand. Durch ausreichende Bewegung bilden sich dann regelmäßige Hufformen. Fohlen sind auffallend lang und weich gefesselt, wodurch sich an den Vorder- und Hintergliedmaßen eine spitze Hufform entwickelt. Auf der Weide muss beim Fohlen alle 3 bis 4 Wochen die Hufform, das Passen zum Fesselstand und die Abnutzung der Hufe überprüft werden. Bei der Stallhaltung in den Wintermonaten muss der Huf, je nach Abnutzung, mit dem Rinnhufmesser und der Raspel gekürzt werden.

Pflege der Hufe älterer Pferde

Auch bei älteren Pferden müssen die unbeschlagenen Hufe alle 2 bis 3 Wochen mit dem Rinnhufmesser und der Raspel korrigiert werden. Von Strahl und Sohle werden nur tote und lose Hornteile entfernt. Die Eckstreben sind zu schonen. Die scharfe Kante des Tragerandes wird mit der Raspel leicht berundet, um ein Ausbrechen des Randes zu verhindern. Der Beschlagwechsel muss im Abstand von ca. 6 Wochen erfolgen. In der Pflege ergeben sich für den beschlagenen und unbeschlagenen Huf keine Unterschiede.

Zur täglichen Hufpflege gehören: Reinigen mit einem Hufkratzer vor und nach dem Reiten; Waschen und danach Fetten der Hufwand mit Huffett

Vor und nach der Arbeit muss die Hufsohle mit einem nicht zu spitzen Kratzer gereinigt werden. Tägliches Waschen schadet dem Huf nicht. Jedoch sollte das Waschen schonend für die Glasurschicht erfolgen. Durch harte Bürsten oder durch Scheuern mit Sand wird sie zerstört. Das Hufhorn ist quellfähig und wird nach Feuchtigkeitsaufnahme elastischer. Um das Austrocknen zu verhindern, sollten die Hufe nach dem Waschen und Abtrocknen eingefettet werden. Zum Einfetten dürfen nur ungesalzene, ungefärbte und nicht ranzige Fette verwendet werden. Das Fett kann nicht in das Horn eindringen. Gefettet wird nur die Wand des Hufes und nicht die Sohle. Ranziges Fett oder altes Motoröl verursachen am Saumband starke Entzündungen, wodurch die Hufoberfläche rissig und borkig wird.
Bei Anzeichen für einen faulen Strahl muss sofort eine Behandlung durchgeführt werden.

Hufbeschlag und Gleitschutz

Hufbeschlag

Der Beschlag ist ein wichtiger Bestandteil der Hufpflege. Der Idealfall, dass das Pferd ständig ohne Eisen gehen kann, ist nur selten gegeben. Er trifft nur für Pferde zu, die stets auf weichem Boden gehen und keiner Korrektur bedürfen.
Nach einer Beschlagdauer von 6 Wochen wird in der Regel ein Neubeschlag der Hufe fällig.

Gleitschutz

Als Gleitschutz können an den Schenkelenden Querrinnen, Gleitschutzecken oder Stollen in den verschiedensten Arten und Formen angebracht werden. Stollen in Form von Schraub- oder Steckstollen müssen stets wieder entfernbar sein. Die Verwendung von Hufeisen mit aufgeschweißten oder angebogenen Stollen ist wegen der vorhandenen Verletzungsgefahr nicht empfehlenswert. Im Stall und zum Transport müssen Stollen entfernt werden. Quetschungen am Ellbogenhöcker (Stollbeule) beim Liegen oder gefährliche Kronsaumverletzungen (Kronentritt) können die Folge sein.
Entsprechend der Stollen an den Schenkelenden können am Zehenteil so genannte Griffe angebracht werden, die in der Regel nur bei Wagenpferden bei Schneeglätte verwendet werden. Griffe und Stollen sollten nur bei wirklichem Bedarf eingesetzt werden, da neben der Verletzungsgefahr ein seitliches Verkanten leichter auftreten kann.

Merke:

Die Hufpflege beginnt schon mit der regelmäßigen Kontrolle und Korrektu im Fohlenalter (alle 2 bis 4 Wochen). Der dem Alter und der Nutzung entsprechende Hufbeschlag dient dazu, das Hufwachstum zu kontrollieren bzw. den Huf vor vermehrter oder übermäßiger Abnutzung zu schützen. Der Beschlag und/oder die Korrektur durch das Ausschneiden müssen in sechswöchigem (± 2 Wochen) Abstand durchgeführt werden. Sie sollten der individuellen Hufform sowie Stellung der Gliedmaße Rechnung tragen. Hinzu kommt die tägliche Hufpflege „No hoo no horse!"

Ausrüstung

Das Putzzeug des Pferdes besteht aus Kardätsche, Striegel, Wurzelbürste, Lappen aus Wolle oder Leinen, Schwämmen, Mähnenkamm und Hufkratzer. Elektrische Putzgeräte rentieren sich vor allem in größeren Ställen. Sie ermöglichen zeit- und kräftesparendes Putzen, können aber zur Übertragung von Hautkrankheiten führen, wenn nicht für jedes Pferd eine besondere Bürste benutzt wird!

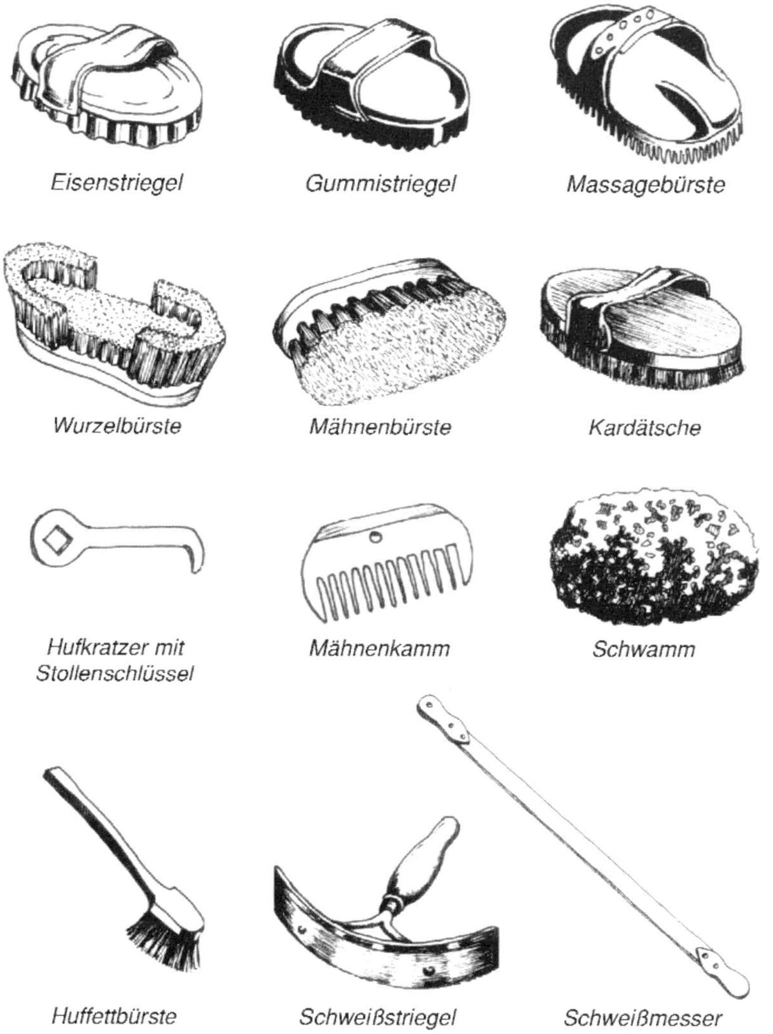

Putzzeug zur Pferdepflege

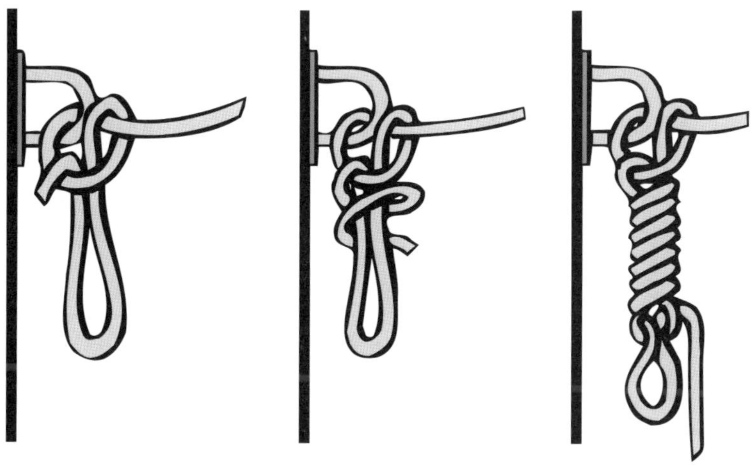

Der Anbindeknoten: Richtige und leicht zu lösende Anbringung des Anbindestrickes am Haltering

3.3 Praktische Fütterung

Prinzipien der Rationsgestaltung

Pferde stellen je nach Nutzungsrichtung unterschiedliche Ansprüche an die Rationsgestaltung. Dabei sind sie nicht auf bestimmte Futtermittel, sondern in erster Linie auf Nähr- und Strukturstoffträger angewiesen.
Grundlage der Rationsgestaltung ist die Ermittlung des Energie- und Nährstoffbedarfs, gegliedert in Bedarf für Erhaltung und Leistung. Pferde, die keine besondere Leistung erfüllen, benötigen lediglich Nährstoffe zur Lebenserhaltung. Der Bedarf richtet sich in erster Linie nach dem Körpergewicht. Temperament, Haltungsbedingungen und Rasse spielen weiterhin eine Rolle. Bei Muskelarbeit, Trächtigkeit, Laktation, Deckeinsatz und Wachstum kommt zum Erhaltungsbedarf ein Teilbedarf für Leistung hinzu. Die Bedarfszahlen für Sportpferde sind der Tabelle 2 zu entnehmen.

Die Nährstoffgehalte (Inhaltsstoffe) ausgewählter Futtermittel gibt Tabelle 1 wieder. Hierbei sind immer das tatsächliche Gewicht der Futtermittel, die unterschiedlichen Qualitätsstufen und die verschiedenen Wassergehalte der Futtermittel zu berücksichtigen. Zur Ermittlung der Inhaltsstoffe, besonders bei Grundfuttermitteln (Heu, Silagen), sind Lufa-Analysen den Tabellenwerten vorzuziehen, da ihre Nährstoffgehalte sehr starken Schwankungen unterliegen.

Die Kombination der Futtermittel richtet sich zunächst nach dem Energie- und Eiweißbedarf. Der Bedarf wird angegeben in MJ verdaulicher Energie sowie g verdaulichem Rohprotein. Das Verhältnis von Eiweiß zu Energie sollte beim ausgewachsenen Reitpferd 5 : 1 betragen. Danach werden die restlichen Inhaltsstoffe berechnet und noch bestehende Lücken ausgeglichen. In jedem Fall sollten auch die Ca- und P-Gehalte ermittelt und deren Verhältnis ausgeglichen werden.

Das Ca : P-Verhältnis sollte im Bereich 1,5 bis 2 : 1 liegen. Empfindlich reagieren Pferde besonders auf zu enge Ca : P-Verhältnisse.

Die Getreide Hafer, Gerste und Körnermais sind als Kraftfutter für die Pferdefütterung besonders geeignet.

Tab. 1 Energie- und Nährstoffgehalte ausgewählter Futtermittel (pro kg ursprüngliche Substanz)

Futtermittel	Trock.-subst. g	Roh-faser g	verd. Energie MJ	verd. Rohpr. g	g vRp pro MJvE	Ca g	P g	Mg g	Carotin mg[1])
Grünfutter									
Wiese, grasreich									
1. Schnitt Beginn bis Mitte Blüte	210	59	2,2	21	11	1,2	0,8	0,4	50
Wiese, klee- und kräuterreich									
1. Schnitt Beginn bis Mitte Blüte	200	55	2,2	27	12	2,0	0,7	0,4	
Weide (Extensivweide)									
1. Aufw. Beginn bis Mitte Blüte	220	62	2,3	17	7	2,2	0,8	0,4	50
Heu									
Wiesenheu, grasreich									
1. Schnitt Beginn bis Mitte Blüte	860	269	8,0	54	7	4,3	2,6	1,7	15
Wiesenheu, klee- und kräuterreich									
1. Schnitt Beginn bis Mitte Blüte	860	264	8,0	75	9	8,3	2,6		
Luzerneheu									
1. Schnitt Beginn bis Mitte Blüte	860	292	8,6	98	11	13,5	2,2	2,0	56
Grünmehle									
Grünmehl, Wiese allg.	900	206	9,6	121	13	6,1	3,6	2,2	205
Luzernegrünmehl	900	235	9,0	120	13	16,9	2,9	3,0	150
Silagen									
Anwelksilage, Wiese, grasreich									
1. Schnitt Beginn bis Mitte Blüte	350	103	3,6	32	9	2,5	1,3	0,7	35
Anwelksilage, Wiese, klee- u. kräuterreich									
1. Schnitt Beginn bis Mitte Blüte	350	102	3,6	40	11	3,5	1,3	0,7	
Maissilage in der Teigreife	270	58	3,1	16	5	0,9	0,7	0,6	6
Maiskolbensilage, CCM	600	42	9,1	44	5	0,3	2,6		
Stroh									
Haferstroh	860	381	5,7	11	2	3,2	1,2	0,9	–
Weizenstroh	860	367	4,8	9	2	2,6	0,8	0,9	
Gerstenstroh	860	373	5,4	9	2	3,4	0,9	0,8	
Knollen und Wurzeln									
Mohrrübe, frisch	110	10	1,7	9	5	0,4	0,3	0,2	62
Zuckerrübe, frisch	230	12	3,3	11	3	0,6	0,4	0,4	11
Trockenschnitzel	900	185	11,8	51	4	6,8	1,0	2,3	–
Melasse	770	2	11,0	79	7	2,5	0,2	0,2	–
Futterzucker	990	–	14,7	10	1	0,4	0,1	–	–
Körner und Samen									
Hafer, mittel	880	99	11,5	85	7	1,1	3,2	1,2	–
Mais	880	23	13,6	64	5	0,4	2,8	0,9	4
Gerste, Winter-	880	50	12,8	87	7	0,6	3,4	1,0	4
Weizen, Winter-	880	26	13,5	88	7	0,4	3,3	1,1	–
Leinsamen	880	63	14,1	164	12	2,5	5,5	4,9	
Nebenerzeugnisse der Getreide- und Ölsamenverarbeitung									
Weizenkleie	880	118	9,7	105	11	1,3	11,8	4,6	2
Haferfutterflocken	910	20	13,9	96	7	0,8	4,0		–
Bierhefe, getrocknet	900	22	13,5	399	30	2,8	14,7	2,3	–
Sojaextraktionsschrot (45% Rp)	880	57	14,6	412	28	3,0	6,4	2,7	–
Sonstiges									
Pflanzenöl	999	–	36,1	–	–	–	–	–	

[1]): 1 mg Carotin ≙ ca. 400 IE Vitamin A • leere Stellen: Gehalte nicht bekannt • –: nicht enthalten oder nur in Spuren

Tab. 2 Nährstoff-Versorgungsempfehlungen für erwachsene Sport-/Reitpferde – 600 kg LM (Angaben je Tier/Tag)

	Erhaltung	Arbeit leicht	Arbeit mittel	Arbeit schwer	Verhältnis
verd. Energie, kJ	73	73-91	91-109	109-145	1 : 5
verd. Rohprotein, g	363	365-455	455-545	545-725	
Kalzium (Ca), g	30	31	32	34	1,6-1,8 : 1
Phosphor (P), g	18	18	18	19	
Natrium (Na), g	12	27	43	85	
Chlor (Cl), g	48	73	98	164	

Außerdem muss der minimale Raufutterbedarf (Heu, Stroh, gut strukturierte Grassilage) von 0,5 bis 1 kg/100 kg Körpergewicht für Reitpferde sowie ca. 0,8 bis 1 kg/100 kg Körpergewicht bei Zuchttieren abgedeckt sein. Zu berücksichtigen ist auch das Trockensubstanzaufnahmevermögen, das je nach Leistung und Rasse bei ø 2,0 bis 3,0 kg TS/100 kg Körpergewicht liegt.

Große Beachtung muss der Qualität der Futtermittel geschenkt werden. Pferde reagieren sehr empfindlich auf Schimmelpilze oder fehlgegorenes Futter. Ebenso müssen die Futtermittel aufgrund ihrer Schmackhaftigkeit und Verträglichkeit für die Ration geeignet sein. Neben der ernährungsphysiologischen Eignung der Futtermittel ist auch ihre Preiswürdigkeit zu beachten, da die Futterkosten ein wesentlicher Faktor der Pferdehaltungskosten sind (40 bis 80%). Ein Preisvergleich erfolgt am besten über die Energiekosten (€/10 MJ). Bei Zukauffuttermitteln sollten deshalb immer Angaben über die verdauliche Energie verlangt werden.

Zur Qualitätsbeurteilung von Heu gehört der Geruchstest. Heu sollte frisch und aromatisch duften. Dumpf, muffig bzw. faulig riechendes Heu ist stark gesundheitsgefährdend und nicht zu verfüttern.

Merke:

Prinzipien der Rationsgestaltung: Bedarfsermittlung. Auswahl (Kombination) der Futtermittel nach Energie- und Nährstoffgehalt, Qualität, Preiswürdigkeit, (→ Berechnung der Ration). Auswiegen der Ration. Überprüfen der Futteraufnahme und des Futterzustandes.

Wichtig zur Realisierung der am Schreibtisch geplanten Fütterung ist das Auswiegen der Futterkomponentenanteile. Ebenso sollte gelegentlich der tatsächliche Verzehr überprüft werden, indem die Futterreste der ausgewogenen Ration zurückgewogen werden.

Ständig beobachtet werden sollten auch der Futterzustand und die Gesundheit der Pferde („Das Auge des Herren füttert mit"), um bei Problemen individuell reagieren zu können.

Der Pferdehalter muss auf einwandfreie Qualität des Trinkwassers achten (keine Keimbelastung, z.B. Salmonellen, und keine Verunreinigungen). Die Idealtemperatur liegt bei 8 bis 12° C.

Merke:

Wasser sollte ad libitum zur Verfügung stehen, was durch Verwendung von Selbsttränken gewährleistet wird. Beim Tränken aus dem Eimer sollte Wasser vor sowie 1 bis 3 Stunden nach dem Füttern (mindestens dreimal täglich) angeboten werden. Erhitzten Pferden kein kaltes Wasser vorsetzen. Tränkeanlage regelmäßig reinigen.

Wasser

Der Wasserbedarf eines erwachsenen Pferdes liegt, je nach Witterung und Belastung des Tieres, bei 5 bis 12 l Wasser pro 100 kg Lebendgewicht pro Tag. Wasser hat im Organismus vielfältige Funktionen. Es sorgt für eine ungestörte Funktion des gesamten Körperstoffwechsels. Eine wichtige Aufgabe besteht in der Regulation des Wärmehaushaltes über die Schweißsekretion.

Die hauptsächlichen Wasserverluste des Körpers kommen durch die Ausscheidungen der Nieren (Harn), des Darmes (Kot), der Haut (Schweiß), der Lunge (Atem) und des Euters (Milch) zustande. Abhängig von den Wasserverlusten über diese Organe gestaltet sich der Wasserbedarf. Einen großen Anteil an den Wasserausscheidungen haben die Nieren. Sie sind dem großen Kreislauf als Filterorgane zwischengeschaltet.

Der Wasserbedarf erhöht sich um 3 bis 4 l pro aufgenommenes kg Futter-Trockensubstanz. Enthält das Futter (z.B. Grünfutter, Rüben etc.) selbst viel Wasser, so reduziert sich dieser Wert wieder.

Fütterungstechnik

Die Futterzuteilung in der Pferdefütterung erfolgt in Krippen, Trögen, Raufen und Selbsttränken. Die Reinigung dieser Einrichtungen sollte regelmäßig geschehen, da Verunreinigungen mit Futterresten oft zu Schimmelbildung in den Trogecken führen.
Weitere sehr wichtige Punkte sind die Einhaltung der Fütterungszeiten und die Ruhe im Stall während der Fütterung.
Ein geregelter und ruhiger Ablauf der Fütterung senkt das Kolikrisiko erheblich.
Da das Pferd von Natur aus auf die kontinuierliche Aufnahme geringer Futtermengen eingestellt ist (Dauerfresser, siehe S. 14), sollte es möglichst oft mit kleinen Mengen gefüttert werden. Diese Forderung lässt sich aus arbeitswirtschaftlichen Gründen jedoch nur begrenzt realisieren.

Bei Pferden, die im Erhaltungsbedarf stehen, kann eine zweimalige Fütterung pro Tag ausreichen. Pferde mit hohem Energiebedarf (z.B. laktierende Stuten, Hochleistungspferde) müssen mehr als zweimal am Tag gefüttert werden. Hierdurch kann auch die Trockensubstanzaufnahmekapazität gesteigert werden.
Bei nur zweimaliger Fütterung pro Tag und einem Abstand zwischen den Mahlzeiten von 12 Stunden und mehr sollten 2/3 der Raufuttermenge am Abend verabreicht werden.
Bei Reitpferden zeigt sich häufig das Problem, dass nach der Hauptmahlzeit am Abend die körperliche Belastung (reiterliches Training) folgt.
Sollte sich der Trainingsplan nicht ändern lassen, so kann entweder das Raufutter erst nach dem Reiten verabreicht werden, oder aber es muss nach der Futteraufnahme mindestens eine Stunde Ruhe gewährt werden. Die Raufutterzuteilung sollte mindestens zweimal täglich, die Krippenfutterzuteilung mindestens zwei- bis viermal täglich erfolgen:

	Krippenfutter	Raufutter
morgens	1/3	1/4 (1/3)
mittags	1/3	1/4
abends	1/3	1/2 (2/3)

Zu beachten ist auch die Futterreihenfolge: Für die Verdauungsvorgänge ist es günstiger, mit dem Raufutter zu beginnen und dann das Krippenfutter zuzuteilen (vor allem bei zu hastig fressenden Pferden).

Merke:
Der „Futtermeister" muss darauf achten, dass die Fütterungsfrequenzen, die Fütterungszeiten und die Ruhezeiten eingehalten werden.

Fütterung von Pferden im Erhaltungsstoffwechsel

Bei Pferden, die keine Leistung (Wachstum, Zucht, Sport) erbringen müssen, genügt es, bei der Fütterung den Erhaltungsbedarf zu decken (Tabelle 2). Dies ist in der Regel durch ausreichend strukturiertes Raufutter (gutes Heu), vitaminisiertes Mineralfutter und geringe Gaben von Krippenfutter gegeben. Z.B. Großpferd (500 bis 600 kg) : 8 bis 10 kg Raufutter, 1 bis 2 kg Ergänzungsfutter.

Raufutter: Heu (links), gut strukturierte Silage (rechts) sowie Stroh

Reitpferdefütterung

Diese Nutzungsgruppe muss, unabhängig von der Disziplinzugehörigkeit, Muskelarbeit leisten.
Im Training geht es bei jungen Pferden um den Muskelzuwachs und die Stärkung der Belastbarkeit von Sehnen, Bändern und Gelenken.
Beim ausgewachsenen Pferd steht die leistungsangepasste Versorgung im Vordergrund.
Nicht vorhandene genetische Anlagen lassen sich auch durch optimale Fütterung nicht ausgleichen.

Aus dem vorher Gesagten wird klar, dass ein junges Pferd, das mit dem Muskelaufbau täglich an Körpergewicht zunimmt, mehr Eiweiß in der Ration braucht als ein fertig entwickeltes Sportpferd.

Wie bei jeder anderen Nutzungsgruppe, so ist es gerade bei den Reitpferden einer der zentralen Punkte, die Energiezufuhr genau dem Bedarf anzupassen. Übertriebene Energiezufuhr ohne entsprechende Arbeitsleistung bedingt einen Masteffekt und reduziert die Leistungsfähigkeit genauso wie Energiemangel in der Ration. Mit der Arbeitsbelastung wächst der Energiebedarf. Kalzium (Ca) und Phosphor (P) sind sowohl bezüglich ihres absoluten Gehaltes in der Ration als auch ihres Verhältnisses zueinander zu berücksichtigen. Bei Sportpferden treten über den Schweiß große Natriumchloridverluste auf. Diese Nutzungsgruppe sollte deshalb einen Salzleckstein zur freien Verfügung haben. Die Vitamin B- und Vitamin C-Versorgung ist bei Pferden mit gesunder Darmflora durch die Verwertung der Futterration gewährleistet.

Salzleckstein

Um eine bedarfsgerechte Rationsgestaltung vornehmen zu können, muss der Leistungsbedarf des Pferdes richtig eingeschätzt werden.
Die Leistung eines Sportpferdes hängt ab von der
a) Dauer und Intensität der Arbeit,
b) dem Reitergewicht und
c) der Wärme- und Schweißproduktion des Pferdes während der Arbeit.
Die Einstufung der Arbeitsbelastung ist nur in einem groben Raster möglich, hieraus resultiert aber die Energiekalkulation:

***Leichte Arbeit* =**
***Erhaltungsbedarf* + max. 25% Energie**
***Mittlere Arbeit* =**
***Erhaltungsbedarf* + 25 bis 50% Energie**
***Schwere Arbeit* =**
***Erhaltungsbedarf* + max. 50% Energie**

Rationsbeispiele

Als klassische Futtergrundlage dienen in der Pferdefütterung immer noch Heu und Hafer. Zur Erfüllung des Bedarfs sind aber auch eine Vielzahl anderer Futtermittel geeignet.

Heu-Hafer

Die Hafergaben liegen bei leichter Arbeit bei etwa 2,5 kg/Pferd (500 kg LM) und Tag, bei schwerer Arbeit bis über 6,5 kg/Pferd (500 kg LM) und Tag. Der Energiegehalt dieser Ration ist bei schwerer Arbeit begrenzt.

Die Heugabe (Raufuttergabe) liegt je nach Kraftfuttergabe zwischen 6 kg und 4 kg/ Pferd und Tag.

Das Ca : P-Verhältnis liegt bei der Heu-/Haferration in der Regel unter 1,5 : 1 und muss mit entsprechenden Einzel- oder Mineralfuttermitteln korrigiert werden, die gleichzeitig die übrige Mengenelement-, Spurenelement- und Vitaminversorgung aufwerten.

Heu-Hafer-Ergänzungsfutter

Der Hafer kann in einer solchen Ration ganz oder teilweise durch Ergänzungsfuttermittel ersetzt werden. Eine Hafer-Heu-Ration kann für Pferde mit hohem Leistungsbedarf durch energiereiche Futtermittel wie Gerste oder Mais (bis zu 50% der Haferration) aufgewertet werden. Für Pferde mit höchster körperlicher Belastung (z.B. Vielseitigkeit) kann vermehrt Energie in Form von Körnermais oder Pflanzenölen zugeführt werden.

Bei leichter und mittlerer Arbeit kann auch ein Ergänzungsfutter (Mischfutter) als alleiniges Krippenfutter eingesetzt werden. Es muss allerdings – genau wie bei Rationen mit Hafer – gutes Futterstroh oder Heu in ausreichender Menge angeboten werden, um den Bedarf des Pferdes an strukturierter Rohfaser zu decken.

Für Sportpferde mit leichter Arbeitsbelastung ist zusätzlich Weidegang zu empfehlen.
Bei leichter bis mittlerer Arbeitsbelastung kann Heu durch Anwelksilage (mit hoher Qualität) ersetzt werden; Rationsbeispiele siehe Tabelle 3.

Hafer kann in ungequetschter (links) oder gequetschter (rechts) Form verfüttert werden. Letzterer wird bevorzugt an Pferde verfüttert, die das Krippenfutter schlecht aufnehmen oder Zahnprobleme haben.

Pelletiertes Mischfutter in verschiedenen Darreichungsformen

Tab. 3: Vier Beispielrationen für Reitpferde (500 bis 600 kg LM; täglich rund ein- bis zweistündige Reitnutzung), kg/Tag (Krippenfutter dreimal täglich)

Ration	**I**	**II**	**III**	**IV**
Stroh	4	3	1	–
Heu, mittel	–	–	4	5
Haferkörner	–	–	3	5
Ergänzungsfutter zum Hafersatz	6	7	–	–
Ergänzungsfutter zu Heu/Hafer	–	–	2	–
vitamin. Mineralfutter[1]	–	–	–	0,08
Gehalte:				
verdauliche Energie, MJ	85	87	94,3	95
verdauliches Rohprotein, g	500	560	678	644

[1] 13% Ca, 3% P

Hochleistungspferdefütterung

In diese Nutzungsgruppe fallen in erster Linie Rennpferde (Galopper, Traber) und Pferde im Hochleistungssport (z.B. Spring-,Vielseitigkeits- und Distanzpferde).

In Abhängigkeit von der zu absolvierenden Geschwindigkeit und der Dauer dieser Belastung steigt der Energiebedarf stark an.
Um Pferden, die Hochleistung erbringen müssen, ausreichend Energie anbieten zu können, muss der Verantwortliche sehr gute Kenntnisse über seine Pferde und über Futtermittel haben.

Eine solche Ration muss folgende Kriterien erfüllen:

- Bei Rennpferden muss die Energie schnell verfügbar sein.
- Sie darf keinen erheblichen Eiweißüberschuss beinhalten.
- Sie muss das Gewicht des Magen-Darm-Inhaltes so niedrig wie möglich halten, ohne die Passagezeit zu vermindern.
- Die Elektrolytverluste durch den Schweiß müssen entsprechend ersetzt werden.

Beim Sportpferd leeren sich während der Belastung die Energiespeicher (Glykogenspeicher), die während der Trainingsphase aufgebaut wurden.

Tab. 4: Vier Beispielrationen für Pferde für Vielseitigkeitsprüfungen und Distanzritte, kg/Tag (500 bzw. 600 kg LM)

Ration	I	II	III	IV
Wiesenheu, mittel	7	6	6	8
Haferkörner	7	–	2	1
Maiskörner (behandelt)	–	–	4	3
Ergänzungsfutter für Sportpferde	–	8	2	1
Trockenschnitzel	–	0,3	0,2	2[1)]
Pflanzenöl[1)]	0,5	0,5	0,8	0,8
vitam. Mineralfutter[2)]	0,08	–	–	–
Leckstein/Viehsalz ca. 100 g pro Tag				
Gehalte:				
verdauliche Energie, MJ	155	158	180	180
verdauliches Rohprotein, g	974	884	913	888

1) je nach Belastung, langsam gewöhnen, auf mindestens 2 Mahlzeiten verteilen
2) rund 13% Ca, 3% P, bei unsicheren Gehalten im Grundfutter zusätzlich Vitamin E

Bei der Fütterung von Vielseitigkeitspferden ist neben der oben besprochenen Versorgung mit ausreichend leicht verfügbarer Energie auf eine gute Versorgung mit Mineralstoffen besonderer Wert zu legen.

Durch die länger andauernde Belastung steigt bei Sportpferden die Kerntemperatur des Körpers an. Die Schweißproduktion wirkt kühlend und verhindert somit eine Überhitzung. Aus diesem Grund ist eine ausreichende Elektrolytergänzung wichtig.

Die Krippenfutterration sollte bei Hochleistungspferden vor Maximalbelastung während der letzten 2 Tage auf mindestens 4 Mahlzeiten pro Tag aufgeteilt werden. Die Kaliumverluste können in der Regel über das Raufutter ausgeglichen werden.

Distanzpferde unterliegen einer lang andauernden gleichmäßigen Belastung. Die hierfür notwendige Energie kann nur über die Verbrennung von Depotfett bereitgestellt werden.

Elektrolytgaben in den Pausen dieser Distanzprüfungen sind empfehlenswert. Bei Vielseitigkeits- und Distanzpferden empfiehlt es sich, um Flüssigkeits- und Schweißverlusten vorzubeugen, ausreichend, am besten ad libitum, Raufutter bis zu vier Stunden vor dem Start anzubieten. Dadurch wird im Dickdarm ein Flüssigkeitsreservoir gebildet.

Darreichungsformen Mais: ganz, gebrochen, Flocken, Silage (v.l.) Mais wird in zerkleinerter oder wärmebehandelter Form (Flocken oder Popcorn) besser aufgenommen und verdaut. In dieser Form kann Mais 30 bis 50% des Krippenfutters ausmachen und zu einer Verbesserung (Senkung) des Eiweiß-Energieverhältnisse in der Ration führen.

Fütterungsfehler

Fütterungsfehler ganz allgemein stören die angestrebte Nutzung. Mangel- oder Überversorgung sind in gleichem Maß schädlich und leistungsmindernd für den Organismus.

Zu Fütterungsfehlern zählen im weitesten Sinne:

- unausgewogenes Energie- und Nährstoffangebot,
- falsche Dosierung von Einzelfuttermitteln,
- qualitativ minderwertige oder verdorbene Futtermittel,

Heu darf weder staubig und sporig noch mit Schimmel befallen sein.

- verunreinigte Futtermittel (Fremdkörper wie Sand, Plastiktüten),
- beigemischte Gifte oder giftige Pflanzen,
- mangelhafte Futterzubereitung, Fütterungs- und Tränketechnik.

Im Folgenden sind die häufigsten Fehler in der üblichen Rationsgestaltung aufgeführt:

Proteinüberschuss

Der häufigste Fehler in der Nährstoffversorgung ist die Überversorgung mit Eiweiß. Die Ursache ist in der unsachgemäßen Zusammenstellung der Einzelfuttermittel zu suchen, die zwar den Energiebedarf decken, aber durch ihr ungünstiges Protein-Energie-Verhältnis zum Eiweißüberschuss führen kann. Das Protein-Energie-Verhältnis soll z.B. bei Reitpferden und niedertragenden Stuten etwa 5 : 1 und bei hochtragenden Stuten etwa 7 : 1 betragen (siehe Tabelle 2).

Ein Eiweißüberschuss kann kurzfristig zwar bis zum Dreifachen des Erhaltungsbedarfs bei gesunden Pferden toleriert werden, aber bevor sich eine Eiweißüberversorgung durch Durchfälle oder Hufrehe bemerkbar macht, ist es bereits zu starken Belastungen von Leber und Niere gekommen. Eiweißüberschuss hat auch erhöhte Wasseraufnahme und somit erhöhte Harnabgabe und die Neigung zu übermäßigem Schwitzen zur Folge. Das erhöhte Harnabsetzen führt bei Stallhaltung zu einer vermehrten Ammoniakbelastung. Dadurch werden die Hufe angegriffen sowie der Atmungsapparat und das Immunsystem geschwächt.

Darüber hinaus können Fruchtbarkeitsstörungen oder Leistungsminderungen bei Reitpferden auftreten. Außerdem belasten Proteinüberschüsse die Futterkosten und auch die Umwelt durch höhere Stickstoff(N)-Ausscheidungen. Der zusätzliche Stickstoffanfall in den Proteinüberschussrationen kann bei 200 Tagen Stallhaltung im Winter immerhin rund 6 kg Stickstoff (N)/je Pferd betragen.

Dr. Lutz Ahlswede,
Landwirtschaftskammer
Westfalen-Lippe

„Basis einer artgerechten Pferdehaltung stellt das betriebliche Angebot dar, Bedürfnisse der Pferde in den Bereichen Licht, Luft, Raum, eigenständiger Bewegung und Sozialkontakte sicherzustellen. Eine artgerechte Ernährung hat einen besonderen Schwerpunkt in einem ausreichenden und hygienisch einwandfreien Angebot von Produkten aus dem Grünland in Form von Gras, Heu und Anwelksilage. Der Pferdehalter hat durch regelmäßige Beobachtung Verhalten und Leistungsfähigkeit der Pferde einzustufen und ein betriebsbezogenes Management (Bewegung, Ernährung, Infektionsschutz) umzusetzen. Die durch Haltung und Ernährung hervorgerufenen Beeinträchtigungen bereits genannter Kriterien können häufig nicht isoliert erhoben, beurteilt oder beraten werden. Sie sind vielmehr Teil eines betrieblichen, rasse- und nutzungsspezifischen Komplexes, welcher unter Einbeziehung verschiedenster Fachgebiete analysiert und gewertet werden muss. Globale Empfehlungen zur kompetenten Umsetzung einer artgerechten Haltung und Ernährung werden erschwert durch die Vielfalt von Pferderassen und deren Nutzungsmöglichkeiten, aber auch durch einen sehr unterschiedlichen Stand an Kenntnissen und praktischen Erfahrungen von Pferdehaltern. Unter diesen Grundvoraussetzungen wird die langfristige Erhaltung von Wohlbefinden, Gesundheit und Leistungsfähigkeit der Pferde zukünftig eine weiter wachsende Bedeutung erfahren."

Falsche Mineralstoff-Bilanzen

Bezüglich der Versorgung mit Ca und P treten in der Praxis große Schwankungen auf, weil die Versorgung mit Mengenelementen nur selten überprüft wird. Eine Überdosierung von Kalzium erhöht das Risiko der Harnsteinbildung, da sämtliche im Überschuss aufgenommenen Mineralien über die Niere ausgeschieden werden. Unter der Voraussetzung, dass Phosphor, Magnesium, Mangan, Eisen und Zink in ausreichender Menge vorhanden sind, wird jedoch das Zwei- bis Dreifache des Kalziumbedarfs vom Pferd toleriert.

Eine Unterversorgung kann bei fortschreitendem Ca-Mangel das Knochengewebe schwächen. Zu beachten ist auch das Ca : P-Verhältnis, welches nicht unter 1 : 1 und über 2 : 1 liegen sollte. Ein zu enges Ca : P-Verhältnis – herbeigeführt durch Phosphorüberschuss – kann sekundär auch zur Kalziumunterversorgung führen. Störungen im Phosphor-Haushalt können sich außerdem negativ auf die Fruchtbarkeit auswirken. Da vor allem Phosphor ein teurer Mineralstoff ist, sollte vor dem Einsatz von Mineralfutter die Ration genau durchgerechnet werden. In Rationen für Pferde im Erhaltungsstoffwechsel ist ein Mineralfuttereinsatz oft nicht notwendig.

Die Natriumchloridversorgung ist ohne Lecksteinangebot fast immer unzureichend. Im Extremfall kann NaCl-Mangel zum Kreislaufkollaps oder zu Koliken führen; zunächst wird jedoch in jedem Fall die Leistungsfähigkeit eingeschränkt. Ebenso können Störungen im Abgang der Nachgeburt oder des Darmpechs auftreten. Da Natrium und Chlor preiswerte Mineralstoffe sind, empfiehlt es sich, die Salzversorgung durch frei zugängliche Lecksteine zu sichern.

Strukturfuttermangel

Der Bedarf an strukturiertem Raufutter muss bei vielen Pferden aus der Einstreu gedeckt werden. Nur in täglich gut eingestreuten Ställen kann erwartet werden, dass 1 bis 2 kg Stroh aus der Einstreu aufgenommen werden. Bei Raufuttermangel treten häufig folgende Störungen auf:

- Untugenden (hervorgerufen durch Beschäftigungs- und Sättigungsmangel),
- Zahnprobleme,
- geringere Speichelproduktion und geringere Kautätigkeit,
- Verdauungsstörungen.

Kolik

Kolik ist ein Symptomenbild, das häufig ausgelöst wird durch Fütterungsfehler. Als Kolikursachen kommen allerdings auch vegetative Störungen

(Witterungseinflüsse etc.), Parasitenbefall, Infektionskrankheiten, Vergiftungen usw. in Frage.
Bei jeder Kolik im Bestand ist nach einer fütterungsbedingten Ursache zu fahnden.

Durchfälle
Liegt der Trockensubstanzgehalt im Kot unter 20%, dann spricht man von Durchfall. Als Ursachen kommen in Frage:

- Überfütterung mit Krippenfutter,
- zu hohe Eiweißgehalte im Futter (Weide, Grünmehl, etc.),
- zu hohe Kaliumgehalte,
- verdorbene Futtermittel,
- plötzlicher Futterwechsel,
- überhöhte Wasseraufnahme (nach viel Salz),
- Infektionskrankheiten des Magen-Darm-Traktes und
- starker Endoparasiten-(Wurm-)befall, Salmonellen.

Weitere Erkrankungen, wie Kreuzverschlag oder Rehe, beruhen auf Überfütterung im Energie- und Eiweißbereich.
In der modernen Pferdefütterung entstehen, von Ausnahmen abgesehen, oftmals größere Schäden durch Über- als durch Unterversorgung.

Futtermittel als Dopingsubstanzen

Manche Futtermittel enthalten pharmakologisch wirksame Substanzen, die zum Teil dem Doping zuzuordnen sind; zum Teil der verbotenen Medikation, d.h. ihr Vorhandensein im Blut und/oder Urin des Pferdes bedeutet einen Verstoß gegen die Bestimmungen der LPO.
So beinhalten nachstehende Einzelfuttermittel folgende Substanzen:

- Kakaoschalen: Xanthinderivate (Coffein und Theobromin)
- Luzerne (im Mittelmeerraum): Salicylsäure
- Malzkeime, Gerste, keimende Gerste und Bierhefe: Hordenin (Catecholamin)

Die Verfütterung obiger Futtermittel kann zur Feststellung eines positiven Ergebnisses führen.
Große Vitamingaben können positive Wirkung entfalten, werden aber nicht als Doping gewertet.

3.4 Ställe, Nebenräume und Bewegungsflächen

Jeder, der mit Pferden zu tun hat, sei es als Reiter, Halter, Züchter, übernimmt Verantwortung: Er muss die Natur und Bedürfnisse der Pferde kennen, damit er sie auch bei der Haltung und der Aufstallung berücksichtigen kann, und zwar in Abhängigkeit von ihrem Einsatz als Freizeit- und Sportpartner, Zucht- oder Arbeitspferd oder bei der Aufzucht junger Pferde. Weiterhin müssen die Menschen mit ihren Neigungen und Möglichkeiten hinsichtlich Zeit und Kompetenz beachtet werden und schließlich spielen heute auch arbeitswirtschaftliche Gesichtspunkte eine Rolle. Das Wohl der Pferde hängt also ebenso entscheidend von der Auswahl der Haltungsform ab wie von der Betriebsorganisation und den tagtäglichen Abläufen.

Aufstallungsarten

Grundsätzlich werden folgende Aufstallungsarten unterschieden:

- Laufstall:
  gemeinsame Haltung einer (meist größeren) Pferdegruppe in einem Raum, normalerweise mit angeschlossenem Auslauf;
- Gruppenauslaufhaltung:
  gemeinsame Haltung einer oder mehrerer kleinerer Gruppen, wobei der Fress- und Liegebereich räumlich getrennt werden;
- Einzelaufstallung:
  in Boxen.

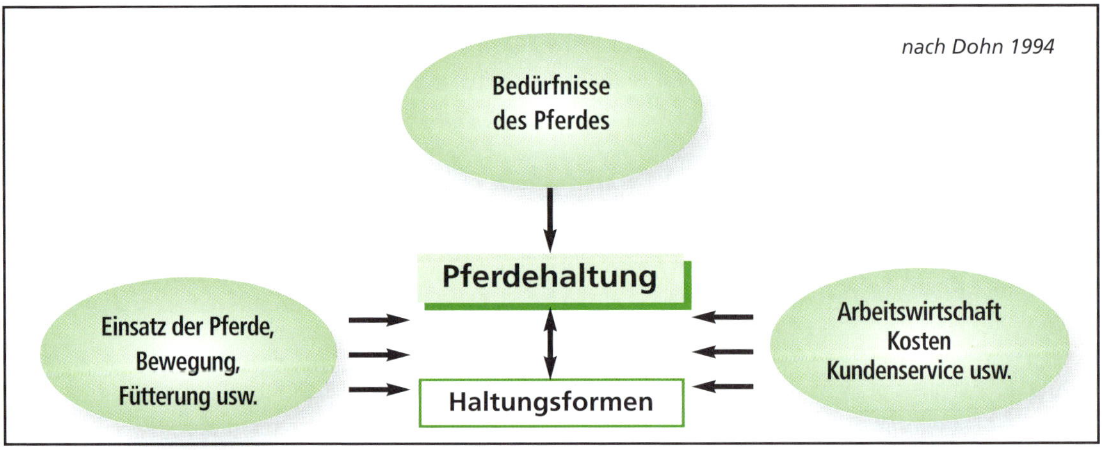

Laufstall

Der Laufstall hat in Gestüten eine lange Tradition für die Unterbringung von Zuchtstuten und Jungpferden in Verbindung mit großen Weideflächen. Für den Laufstall spricht der relativ geringe Bauaufwand. Eine Voraussetzung ist allerdings der weitgehend gleich bleibende Pferdebestand, in der sich eine gefestigte Rangordnung herausgebildet hat. Probleme bereitet im Laufstall die individuelle Futterzuteilung, besonders bei Fohlen mit unterschiedlichem Alter und Entwicklungsgrad, jedoch auch bei erwachsenen Pferden. Die Tiere müssen während der Gabe von Kraft- oder Zusatzfutter angebunden oder in abtrennbaren Einzelplätzen untergebracht werden; das bedeutet erhöhten Arbeitsaufwand. Dem steht eine Arbeitseinsparung durch die Entmistung mit Frontladern gegenüber. Aus hygienischen Gründen sollen die Intervalle zwischen den Totalentmistungen jedoch nicht zu lang sein (2 bis 3 Monate), wichtig ist auch, großzügig einzustreuen.

Gruppenauslaufhaltung

Die Gruppenauslaufhaltung ist eine Variante des Laufstalls. Die Pferde werden in kleineren Gruppen (4 bis 8 Tiere) zusammen gehalten, dem Stall ist ein Auslauf angeschlossen. Dieses Verfahren wurde vor allem für Pferde entwickelt, die unregelmäßig bewegt werden. Wesentlich ist dabei, dass die Funktionsbereiche Liegen, Fressen und Trinken so weit wie möglich voneinander entfernt angeordnet sind, damit die Pferde zur Bewegung angeregt werden.

Merke:

Laufställe haben in Verbindung mit großen Weideflächen in Gestüten eine lange Tradition. Dem relativ geringen Bauaufwand und der Möglichkeit, die Entmistung arbeitssparend mit dem Frontlader durchzuführen, steht ein erhöhter Arbeitsaufwand für die individuelle Futterzuteilung gegenüber.

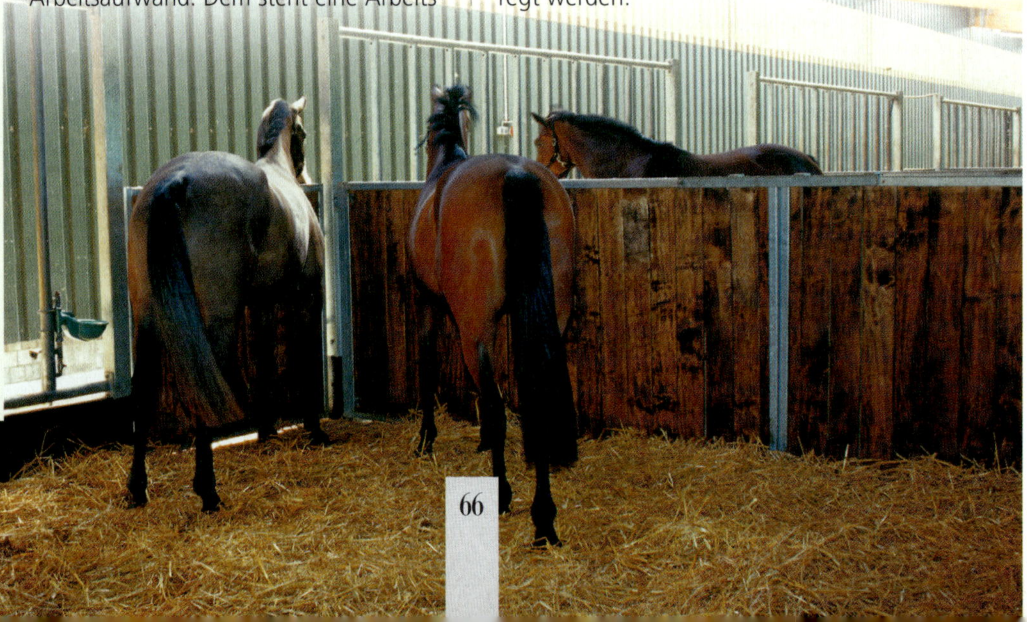

Fressstand (Gruppenauslaufhaltung)

Auslauf (Gruppenauslaufhaltung)

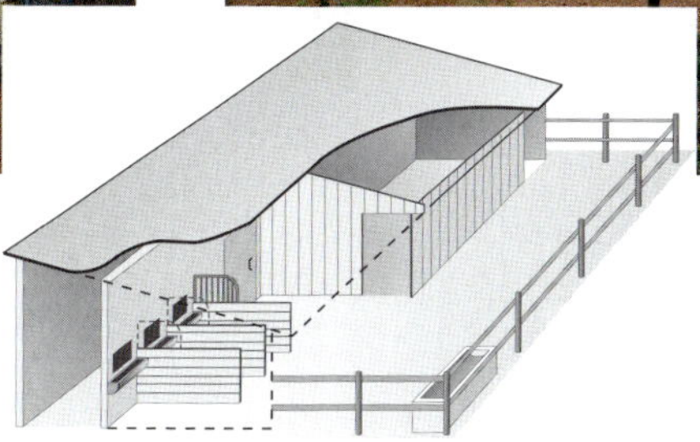

Gruppenauslaufhaltung für 3 Pferde

Merke:
Gruppenauslaufhaltungen bestehen aus:
- **einem eingestreuten Stall (Liegebereich),**
- **einem räumlich getrennten Futterplatz,**
- **einem jederzeit zugänglichen Auslauf (in dem die Tränke angebracht wird).**

Vorratsfütterung von Raufutter:

Rundraufe

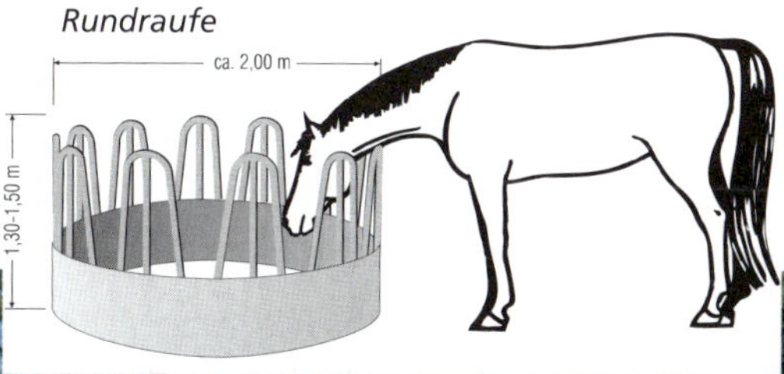

Rollraufe

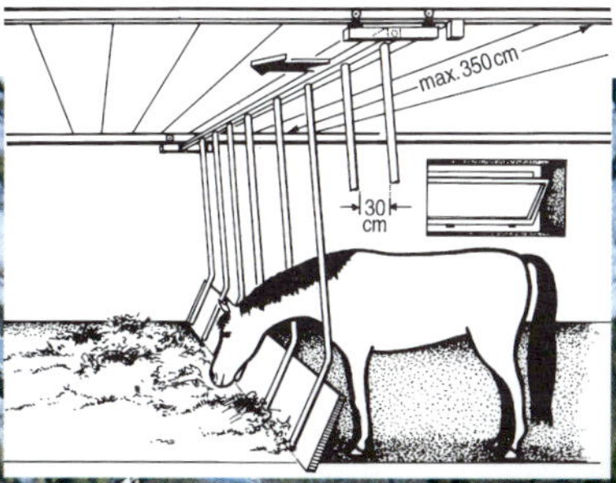

Wie im Laufstall kommt es auch hier darauf an, dass die Gruppenzusammensetzung weitgehend gleich bleibt, damit das Verletzungsrisiko durch unvermeidbare Rangordnungskämpfe in Grenzen gehalten werden kann. Die Zugriffsmöglichkeit auf das Einzelpferd ist noch relativ einfach, die Integration neuer Pferde bleibt auf eine Gruppe beschränkt und ist somit überschaubar. Die Gruppenhaltung eignet sich sowohl für Ponys und Großpferde, wenn die Pferde/Ponys aneinander gewöhnt sind und zueinander passende Pferde zusammengestellt werden, also auch für Sportpferde. Die Gruppenauslaufhaltung ist in größeren Beständen leichter zu realisieren, da für die Zusammenstellung der Gruppen eine größere Auswahl besteht. Auch in der Gruppenhaltung sind das Flächenangebot und damit die Möglichkeiten, einander auszuweichen, begrenzt, es muss also darauf geachtet werden, dass rangniedrigen Tieren keine Nachteile entstehen. Die Anforderungen an den Betriebsleiter hinsichtlich der Auswahl und Überwachung sind also höher als in der Einzelhaltung. Dem steht der Vorteil gegenüber, dass sich die Pferde mehr bewegen können und soziale Kontakte (z.B. die gegenseitige Fellpflege) jederzeit möglich sind.

Einzelaufstallung

Boxen

Die Aufstallung der Pferde in Boxen ist in Reitbetrieben hierzulande weit verbreitet. Die Überwachung der Pferde ist relativ einfach, z.B. fällt sofort auf, wenn ein Pferd sein Futter nicht aufgefressen hat, und die Pferde sind jederzeit auch für unerfahrene Reiter verfügbar. Allerdings sind die Bewegungsmöglichkeiten und die sozialen Kontakte zu Artgenossen eingeschränkt. Für einen Ausgleich muss durch ausreichende Bewegung und/oder gemeinsamen stundenweisen Auslauf in Paddock oder Weide gesorgt werden.

Box mit Paddock

Merke:

Boxenställe sind ebenfalls eine pferdegerechte Aufstallungsart, wenn die Pferde täglich genügend Bewegung haben. Für die empfohlene Fläche einer Box gilt die Faustformel: (Widerristhöhe x 2)².

Zusammenfassung

(Vergleich der Haltungssysteme)

Für Pferde, die täglich mehrere Stunden im Einsatz sind, sei es als Schul-, Arbeits- oder Sportpferd, kommt auch unter dem Bewegungsaspekt die Einzelaufstallung (Boxen) in Frage. Pferde, die nur unregelmäßig unter dem Sattel bewegt werden, brauchen auf jeden Fall täglichen Ausgleich, entweder indem die Einzelhaltung durch Paddocks oder Weiden ergänzt wird oder durch eine Gruppenauslaufhaltung.

Zuchtbetriebe müssen zusätzlich ausreichend große Weideflächen zur Verfügung haben. Die Aufzucht junger Pferde muss in der Gruppe erfolgen, damit pferdegemäßes Verhalten durch spielerische Rangordnungskämpfe geübt werden kann. Außerdem ist für die Ausbildung eines gesunden und leistungsfähigen Bewegungsapparates und Herz-Kreislaufsystems regelmäßige Bewegung auf großen Flächen unverzichtbar (auch im Winter).

Für Fohlen führende Stuten ist die gemeinsame Haltung im Laufstall weit verbreitet und sinnvoll. Allerdings ist hierbei zu berücksichtigen, dass die Tiere zur individuellen Fütterung angebunden werden müssen, was hinsichtlich des Arbeitszeitbe-

Merke:

Wesentlich für das Wohlbefinden der Pferde ist nicht allein das gewählte Haltungssystem an sich, sondern es sind auch die Rahmenbedingungen im jeweiligen Betrieb, insbesondere die Zuwendung und Qualifikation der Betreuer/Halter, die Sicherstellung ausreichender Bewegung, gute Pflege und individuelle bedarfsgerechte Fütterung unter Berücksichtigung der unterschiedlichen Einsatzgebiete des Pferdes wichtig.

darfs beachtet werden muss. Unter diesem Gesichtspunkt bietet die Haltung in großen Einzelboxen einige Vorteile, so wird für die Gewöhnung des Pferdes an den Menschen und dadurch die Durchführung von Kontroll- und Pflegemaßnahmen erleichtert und das Verletzungsrisiko verringert. Natürlich gilt insbesondere bei Stuten mit ihren Fohlen, dass sie regelmäßigen gemeinsamen Auslauf benötigen. Die gemeinsame Haltung von Warmbluthengsten in Lauf- oder Gruppenställen ist nur bis zu einem bestimmten Alter (ca. zweijährig) möglich. Bei erwachsenen Hengsten werden allgemein große Einzelboxen vorgezogen, um Verletzungen durch Rangkämpfe zu verhindern. Hengste und Stuten sollen möglichst nicht in unmittelbar benachbarten Boxen mit Hör-, Sicht- und Geruchskontakt untergebracht werden. Allgemein gilt, dass der Umgang mit Hengsten besonderen Sachverstand und erhöhte Umsicht erfordert; das zeigen viele vermeidbare Unfälle.

Stallklima

Pferde haben aufgrund ihrer entwicklungsgeschichtlichen Herkunft aus dem Lebensraum Steppe ganz andere Bedürfnisse als Menschen! Daher kann eine Umgebung, in der wir Menschen leben können oder uns sogar wohlfühlen, für Pferde bereits gesundheitsschädlich sein. Das muss in allen Fragen rund um die Pferdehaltung und besonders bei der Beurteilung und Gestaltung des Stallklimas beachtet werden.

Offenstall – geschlossener Stall

Als 'Aufstallung' (siehe voriges Kapitel) wird die Art bezeichnet, wie Pferde untergebracht sind, z.B. einzeln oder in Gruppen; davon weitgehend unabhängig ist die bauliche Ausführung des Stalles. Hier wird als Grundmuster einerseits der Offenstall und andererseits der geschlossene Stall unterschieden.

Von Offenstall spricht man, wenn eine Gebäudeseite ständig ganz oder teilweise offen ist. Das Stallklima entspricht im Wesentlichen den Außenverhältnissen, Außenwände und Dach dienen nur dem Schutz vor Wind, Regen und Sonne. Wesentlich ist für den Offenstall (auch Kaltstall genannt), dass der Luftaustausch tatsächlich ständig erfolgt. Dazu reicht nicht, dass in einem ansonsten geschlossenen Gebäude nur Fenster offen sind.

Alle Ställe mit 4 Wänden und einem Dach werden dagegen als geschlossener Stall bezeichnet. Der geschlossene Stall erfordert besondere bauliche Maßnahmen zur Sicherstellung des erforderlichen Luftaustausches. Die Aufgabe des geschlossenen Stalles ist es vor allem, die Außentemperaturschwankungen zu mäßigen und sicherzustellen, dass es im Stall weder sehr warm noch sehr kalt wird. Das hat im Winter den Vorteil, dass das Winterfell nicht zu dick wird und z.B. die Tränken nicht einfrieren.

Merke:

In Offenställen entspricht das Stallklima annähernd dem Außenklima, wobei Wände und Dach Schutz vor Regen, Wind und Sonne bieten. Geschlossene Ställe sorgen dafür, dass die Außentemperaturschwankungen gemäßigt werden und es im Stall weder sehr warm noch sehr kalt wird. Die ausreichende Frischluftversorgung ist jedoch unbedingt sicherzustellen. Das gelingt regelmäßig nur bei ausreichender Wärmedämmung und/oder Einbau von ausreichend dimensionierten Schwerkraft- oder Ventilatorenlüftungen.

Offenstall

Der im Offenstall ständig stattfindende natürliche Luftaustausch, der für die Pferdegesundheit am günstigsten ist, ist im geschlossenen Stall allerdings eingeschränkt.

Anforderungen an das Stallklima

Das Stallklima wird im Wesentlichen durch folgende Faktoren bestimmt:

- Temperatur,
- Luftfeuchtigkeit,
- Schadgaskonzentration, Staub- (Keim-)gehalt,
- Luftbewegung (Luftaustausch),
- Licht.

Im Offenstall entsprechen, wie oben erwähnt, die Stallklimaverhältnisse weitgehend den Außenverhältnissen, es sind also keine besonderen Maßnahmen erforderlich. Dagegen kommt der Gestaltung des Stallklimas im geschlossenen Stall besondere Bedeutung zu.

Praktische Hinweise

Leider finden sich in der Praxis recht viele Fehler auf dem Gebiet des Stallklimas und zwar nicht nur in alten Ställen, sondern auch bei Neubaumaßnahmen. Allgemein gilt, dass neue Stallungen entweder als Offenstall oder als geschlossener Stall mit Schwerkraftlüftung konzipiert werden sollen.
Bei alten Stallungen kommt man häufig ohne eine nachträglich einzubauende Ventilatorenlüftung nicht aus. Die Auswahl und Konzipierung der für den jeweiligen Stall geeigneten Maßnahmen ist die Sache von Fachleuten.

Pferde sind neugierig und an ihrer Umgebung interessiert; durch Außenklappen können sie die Aktivitäten rund um den Stall verfolgen. Sie sind damit ausgeglichener und weniger schreckhaft.

Der optimale Stall

Temperatur:	***Die Stalltemperatur soll der Außentemperatur folgen, nur Extreme sollen abgemildert werden.***
Luftfeuchtigkeit:	***Die relative Luftfeuchtigkeit soll im Stall zwischen 60 und 80% liegen, besonders ungünstig ist feuchte und zugleich warme Luft.***
Schadgaskonzentration:	***Entstehung von Schadgasen und Bildung von Staub soll im Stall so weit wie möglich verhindert werden. Wenn man Ammoniak im Stall riecht, dann ist die Konzentration erheblich zu hoch.***
Luftbewegung (Luftaustausch):	***Ausreichende Luftbewegung ist für die Frischluftversorgung unbedingt erforderlich (Luftgeschwindigkeit im Tierbereich mindestens 0,1 m pro Sekunde).***
Licht:	***Fensterfläche pro Stallfläche mindestens 1/15; Fensterfläche pro Pferd mindestens 1 m².***

Trennwände mit Gitteraufsatz

Stalleinrichtung

Alle Stalleinrichtungen, mit denen Pferde in Berührung kommen, müssen so gestaltet sein, dass Verletzungen, etwa an vorstehenden oder scharfen Kanten, das Festklemmen der Pferde selbst, einzelner Gliedmaßen oder des Kopfes weitgehend ausgeschlossen sind.

Vorder- und Zwischenwände, Gitteraufsatz

Grundsätzlich gilt, dass sich die Pferde gegenseitig hören, riechen und sehen können und außerdem einen größeren Teil des Stalles überblicken sollen, da sie sich sonst nicht sicher fühlen. Die Entscheidung, ob geschlossene oder teilweise offene Boxentrennwände gewählt werden, hängt von der Art und dem Schwerpunkt des Betriebes ab.

Die Trennwände sollen so durchlässig wie möglich gestaltet sein. Die Ausführung muss stabil genug und fachgerecht sein und ist regelmäßig zu kontrollieren. In Reitbetrieben sind die Trennwände zumindest im unteren Teil (ca. 1,30 m hoch) in der Regel geschlossen. Für den geschlossenen Teil werden Hartholzbretter oder schlagfeste Sperrholzplatten verwendet (aus Gründen des Umweltschutzes sollte auf Tropenhölzer möglichst verzichtet werden). Es können auch stabile Zwischengitter verwendet werden (Abstand der Stäbe: maximal 5 cm, bei Fohlen 2 cm).

Im oberen Bereich der Trennwand können ebenfalls Zwischengitter mit 5 cm lichtem Abstand verwendet werden oder querverlaufende Rohre mit 17 cm Abstand. Ein Huf kann so noch zurückgezogen werden, der Kopf passt jedoch nicht hindurch. Lichte Abstände zwischen 17 und 30 cm sind zu vermeiden, da der Kopf sonst festklemmen kann. (Die Maße sind bei sehr kleinen Ponys oder sehr kräftigen Pferden, z.B. Kaltblütern, anzupassen).

Der Bodenabstand der Zwischenwände darf maximal 5 cm, bei Fohlen 2 cm betragen.

Türen der Box

Die Türbreite soll mindestens 120 cm betragen (auch für kleinere Pferde). Im Einsatz sind Flügel- und Schiebetüren. Die obere Schiene der Schiebetüren sollte mindestens 2,40 m hoch angebracht werden, damit sich die Pferde nicht den Kopf stoßen können. Schiebetüren müssen gegen Ausheben und Herausfallen aus der oberen Führungsschiene gesichert sein. Flügeltüren sollten von der Stallgasse aus gesehen rechts anschlagen, d.h. sich rechts öffnen.

Vorderwände mit Schlitzen sowie Gitteraufsatz oder querverlaufenden Rohren. Türaufsatz kann geöffnet werden.

Merke:

Pferde sollen sich im Stall gegenseitig hören, riechen und sehen sowie einen größeren Teil ihrer Umgebung überblicken können. Alle Stalleinrichtungen müssen so gestaltet sein, dass Verletzungen weitgehend ausgeschlossen werden können.

Isolierte Tränke

Tröge und Tränken

Die Tröge befinden sich üblicherweise an der der Stallgasse zugewandten Boxenwand, damit nicht jede Box zum Füttern einzeln betreten werden muss und die Fütterung zur Vermeidung von Unruhe im Pferdestall möglichst schnell geleistet werden kann.

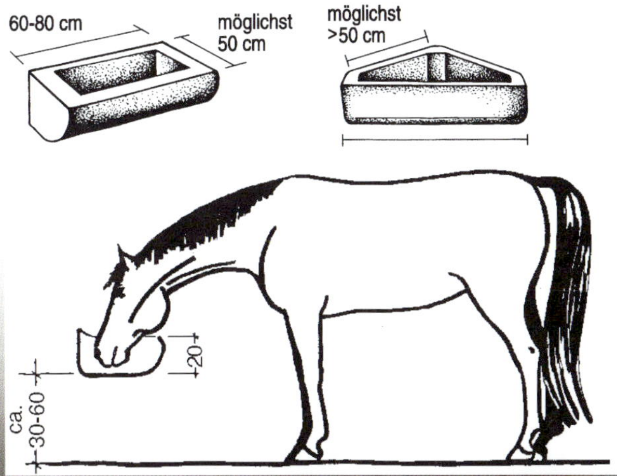

Die Selbsttränke soll möglichst weit vom Futtertrog entfernt liegen, da viele Pferde das Futter gerne einweichen, was verdauungsphysiologisch ungünstig ist; außerdem verschmutzen die Tränken auf diese Weise. Daher ist die beste Anbringung diagonal gegenüber. Allerdings ist die täglich notwendige Kontrolle der Selbsttränken mit einem höheren Aufwand verbunden.

Unter näturlichen oder naturnahen Verhältnissen verbringen die Pferde einen größeren Teil des Tages mit Fressen (12 bis 16 Stunden), wobei das Futter vom Boden aufgenommen wird. Diese Fresshaltung ist nicht nur aus physiologischer, sondern auch aus reiterlicher Sicht günstig zu bewerten. Daher sollten die Tröge und Tränken nicht zu hoch angebracht sein.

Futtertrog Laufstall

Boxenboden, Stallgasse

Der Boden einer Box soll trocken, wasserundurchlässig, rutschfest, eben, widerstandsfähig und leicht zu reinigen sein. Üblich sind rau abgezogener Ortbeton, Betonverbundsteinpflaster, Asphalt, Ziegelpflaster. Bei den beiden erstgenannten Böden muss die Härte des Bodens durch reichliche Einstreu kompensiert werden. Der Stallboden soll nach Möglichkeit wegen der besseren Luftzirkulation auf gleicher Höhe mit der Stallgasse liegen.
Im Bereich der Stallgasse muss der Boden griffig, haltbar und leicht zu reinigen sein. Die Breite der Stallgasse soll im einreihigen Boxenstall 2,50 m und im zweireihigen Boxenstall 3 m betragen.

Nebenräume der Pferdehaltung

Futter- und Einstreulagerung

Pferdehaltende Betriebe benötigen relativ platzaufwendige Lagerkapazitäten für Raufutter, Einstreu und Kraftfutter. Grundsätzlich unterscheidet man zwischen deckenlastigen oder erdlastigen Lagerräumen. Die deckenlastige Lagerung ist in älteren Gebäuden weit verbreitet, Voraussetzung ist eine ausreichend tragfähige Decke. Die erdlastige Lagerung ermöglicht die Trennung von Vorratslager und Stall. Dem höheren Platzbedarf und Bauaufwand stehen günstige Mechanisierungsmöglichkeiten und damit – sofern die Wege nicht zu lang werden – verbesserte Arbeitsbedingungen gegenüber. Erdlastige Lagerräume sind in der Regel Voraussetzung für die heute sehr verbreitete Großballenkette. Die Lagerräume können hinsichtlich der Bauausführung einfach und nicht isoliert sein, wichtig sind jedoch eine gute Durchlüftung und ein intaktes Dach.
Der Raumbedarf für die Futtermittel und Einstreu richtet sich nach der Pferdezahl und der gewünschten Lagerdauer. Besonders für Heu schwanken die Preise je nach Jahreszeit erheblich, sodass hierfür im Allgemeinen Lagerraum für ein ganzes Jahr vorgesehen werden sollte.

Lose Lagerung von Hafer auf dem „Kornspeicher".

Merke:
Die Lagerräume für Futtermittel und Einstreu müssen trocken und gut durchlüftet sein.

Lagerung von Rundballen im Freien

Das Kraftfutter wird in kleinen Betrieben sackweise bezogen, für größere Betriebe lohnt sich der Bau eines bzw. mehrerer Silos. Das Silo für Körnerfutter wird der Futterkammer am besten direkt zugeordnet. Kraftfuttersilos sollen luftdurchlässig sein. Die Futterkammer muss groß genug sein, damit Haferquetsche, evtl. Entstaubungsgerät, Futterwagen, Wasseranschluss und weitere, für die Fütterung nötige Utensilien (z.B. Eimer) aufbewahrt werden können.

Für die kurzfristige Zwischenlagerung von Grünfutter ist eine überdachte Platte im Freien zu empfehlen. Futtermöhren können in kalten, jedoch frostsicheren Räumen aufbewahrt werden, evtl. lohnt sich die Anlage einer Miete. Die Verfütterung von Grassilage nimmt vor dem Hintergrund zunehmender Heuallergien bei Pferden immer mehr zu. Heute kommen überwiegend Großballen zum Einsatz, die mit Spezialmaschinen mit mehreren Folienschichten umwickelt sind. Diese Ballen können im Freien, möglichst auf einer Sandschicht (um Mäusefraß gering zu halten) gelagert werden.

Der Mist muss auf einer Betonplatte im Halbschatten gelagert werden.

Einstreu, Entmistung, Dunglagerung

Als Einstreumaterial steht nach wie vor Stroh im Vordergrund, welches bei guter Pflege (tägliches Ausmisten, Entfernen nasser Stellen) sowohl für ein angenehmes Lager der Pferde sorgt als auch für die Beschäftigung des Pferdes gute Dienste leistet. Außerdem kommen Hobelspäne (entstaubt) in Frage, die gerade bei Pferden mit Stauballergie sehr geeignet, allerdings auch schwerer zu entsorgen sind. Torf sollte aus Gründen des Umweltschutzes (Erhaltung der Torfmoore) nicht mehr zum Einsatz kommen.
Besonders im geschlossenen Stall sollten zur Erhaltung guter Luft täglich die Pferdeäpfel und nasse Stellen entfernt werden.

Die Entmistung kann auch mechanisiert werden, z.B. durch den Einsatz kleiner Stalltraktoren mit Frontlader. Eine Voraussetzung hierfür ist, dass die Boxenvorderwände ganz geöffnet werden können.

Anlage des Mistplatzes

Für die Anlage des Mistplatzes gelten folgende Grundsätze:

- Der Mist wird auf einer Betonplatte gelagert mit Gefälle zur Jauchegrube (soweit erforderlich).
- Halbschatten (Bäume) ist empfehlenswert, um Austrocknung zu vermeiden.
- Aus hygienischen Gründen sollte die Mistplatte nicht zu dicht am Stall und an dessen windabgewandter Seite liegen (Fliegen, Geruch).

Merke:

Die Mistlagerstätte sollte an der windabgewandten Seite des Stalles liegen. Wo möglich ist wegen der hygienischen Vorteile eine Kompostierung zu empfehlen.

Pferde scheiden täglich zwischen 10 bis 20 kg Kot und zwischen 5 bis 10 l Harn aus, das bedeutet bei Strohmist einen Anfall von 20 bis 35 kg Mist pro Pferd und Tag. Die erforderliche Größe des Mistplatzes hängt von der Anzahl der Pferde und ganz wesentlich von der Weiterverwertung des Mistes ab.

Folgende Möglichkeiten kommen in Frage:

- Eigenverwertung auf landwirtschaftlichen Nutzflächen.
- Abgabe (Verkauf) an landwirtschaftliche-, Gartenbau-Betriebe oder Champignonzüchter.
- Kompostierung (Eigenverwertung auf eigenen Weiden oder Verkauf, z.B. an Kleingärtner).

Sattelkammer und Pflegeplätze

Sattelkammer

Die Sattelkammer dient der Aufbewahrung der Ausrüstungsgegenstände wie Pferdedecken und Satteldecken und der Pflegeutensilien (z.B. Lederfett, Sattelseife, Schwämme etc.).

Die Größe der Sattelkammer richtet sich nach der Anzahl der Pferde und dem Schwerpunkt des Betriebes. Die Einrichtung besteht aus Sattelböcken (ohne scharfe Kanten), Aufhängemöglichkeiten für Trensen sowie Regale für Sattel-, Pferdedecken und das Putzzeug. Sie sollte möglichst so groß sein, dass auch die regelmäßig aus Gründen der Unfallsicherheit notwendige Lederpflege möglich ist. Empfehlenswert ist der Einbau einer Heizung und eines Wasseranschlusses (evtl. eines Luftentfeuchtungsgerätes).

Stallgerätschaften

Für die Unterbringung der im Stall benötigten Gerätschaften sollte eine genügend große Abstellfläche vorgesehen bzw. geschaffen werden.

Putzplatz

In Reitbetrieben werden die Pferde häufig in der Stallgasse geputzt. Das ist allerdings wegen der Staubentwicklung und Blockierung der Stallgasse nicht unproblematisch. Besser ist es, einen gesonderten Putzplatz, wenn möglich auch innerhalb des Stallgebäudes, auf jeden Fall jedoch im Freien einzurichten. Dazu werden befestigte Flächen mit geeigneten Anbindevorrichtungen benötigt. Der Boden des Putzplatzes soll griffig und leicht zu reinigen sein, er soll ein Gefälle (2%) sowie möglichst Wasser- und evtl. Stromanschluss (z.B. für einen Pferdestaubsauger) haben.

Waschplatz

Zum Abspritzen der Beine nach dem Reiten oder zum Waschen verschwitzter Pferde dient der Waschplatz. Waschplätze im Stall sollten mindestens 2,50 x 3,50 m groß sein, mit beidseitiger Anbindevorrichtung sowie Wasseranschluss (möglichst kalt und warm). Für Waschplätze außerhalb des Stalles gelten die gleichen Anforderungen wie an den Putzplatz.

Solarium

Solarien haben sich in der Pferdehaltung bewährt. Die Lampen erzeugen ein Strahlungsfeld, welches dem Sonnenlicht ähnlich ist. Bestrahlte Pferde sind in der Arbeit lockerer und trocknen nach der Arbeit bzw. dem Waschen schnell wieder ab. Der Mindestabstand zum Pferderücken sollte 60 cm betragen, für die Anpassung an verschiedene Pferdegrößen ist also eine Höhenverstellung erforderlich. Um eine gleichmäßige Bestrahlung zu erreichen, ist eine zweiseitige Anbindemöglichkeit und möglichst seitliche Begrenzung (Stand) vorzusehen.

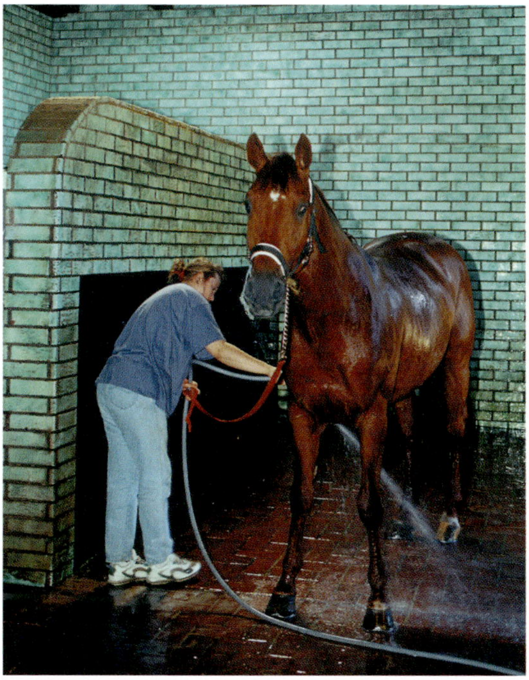

Merke:

Die Sattelkammer zur Bewahrung aller Ausrüstungsgegenstände incl. Putzzeug, Sattel- und Pferdedecken sollte groß genug sein. Weitere Nebenräume für die Pferdepflege sind der Putzplatz, der Waschplatz, evtl. ein Solarium. Ein angemessener Arbeitsplatz für den Schmied ist für alle Pferde haltenden Betriebe wichtig.

Schmiede

Jedes Pferd muss ca. alle 6 Wochen ausgeschnitten oder beschlagen werden. Daher wird in allen Pferde haltenden Betrieben eine Arbeitsstätte für den Schmied benötigt. Die freie Arbeitsfläche für den Schmied soll mindestens 3 x 5 m, der gesamte Arbeitsplatz 20 bis 25 m^2 groß sein. In kleineren Betrieben kann diese Fläche mit anderen Nutzungen (z.B. Putz-, Waschplatz) kombiniert sein. Sofern ein Platz im Freien genutzt wird, sollte die genügend große, windgeschützte Fläche überdacht sein, damit witterungsunabhängig ausgeschnitten oder beschlagen werden kann. In größeren Betrieben empfiehlt sich der Anbau einer Schmiede.

Weide

Die Haltung von Pferden und Ponys auf der Weide entspricht am ehesten den Ansprüchen an eine verhaltensgerechte Unterbringung und artgemäße Ernährung. Jeder Pferdehalter sollte daher bemüht sein, seinen Pferden zumindest hin und wieder Weidegang zu ermöglichen und zwar am besten zusammen mit anderen Pferden.

Eine erfolgreiche Aufzucht junger Pferde ist nur möglich, wenn großflächige Weiden zur Verfügung stehen, denn durch ständige Bewegung auf der Weide werden Knochen, Muskeln, Sehnen und Bänder gefestigt. Außerdem ist der gemeinsame Weidegang für die Ausbildung eines gesunden und leistungsfähigen Herz- und Kreislaufsystems sowie für das Üben des arttypischen Sozialverhaltens wesentlich. Werden diese grundsätzlichen Anforderungen nicht beachtet, so entstehen sehr leicht Vorschädigungen am Bewegungsapparat oder dem Herz-Kreislaufsystem und evtl. auch Verhaltensauffälligkeiten. Besonders geeignet sind große Koppeln mit natürlichen Begrenzungen aus Hecken oder Bäumen (Waldweiden eignen sich wegen der Insektenplage weniger).

In der Vegetationszeit werden, je nach Qualität einer Weidefläche, ca. 0,25 bis 0,5 ha pro Pferd benötigt. Wenn der Erhaltungsbedarf gedeckt und das Winterfutter von den Flächen gewonnen werden soll, rechnet man pro Tier 0,5 bis 1 ha. Auch, wenn der Weidegang der Sportpferde vorwiegend der Bewegung und nicht der Futterversorgung der Pferde dient, sollten Weiden nicht zu klein sein. Für die Aufzucht junger Pferde müssen Weiden mindestens 2 ha groß sein (die Aufzucht von Einzelpferden ist abzulehnen). Für den stundenweisen Weidegang von Reitpferden kommen auch kleine Flächen in Frage.

Merke:

Weidegang ist für alle Pferde sehr wünschenswert, zumindest zeitweise. Eine erfolgreiche Aufzucht junger Pferde ist nur dort möglich, wo großzügige Weideflächen zur Verfügung stehen.

Einzäunung

Besonderes Augenmerk ist auf die Einzäunung zu richten. Der Koppelzaun soll stabil, verletzungs- und möglichst ausbruchsicher sein, also gut sicht-

bar und Respekt einflößend, je nach Pferdebestand zwischen 1,20 bis 1,50 m hoch. Die Zaunpfähle können aus Hartholz (z.B. Eiche) oder auch Stahlrohr oder Beton bestehen. Sie werden mit einem Abstand von 2,50 bis 4 m gesetzt, wobei 1/3 des Pfostens in der Erde sitzen sollte. An die Pfosten werden mit 40 bis 50 cm Abstand von innen angebracht:

- Rund- oder Halbrundhölzer mit mindestens 12 cm Durchmesser oder Planken mindestens 4 cm stark;
- Bänder aus Förderbandgummi: 7 bis 10 cm breite Streifen, die stark gespannt werden müssen;
- Elektrobänder: gewebte Kunststoffbänder mit eingeflochtenen Edelstahldrähten 4 bis 6 cm breit, mittels Isolatoren an den Pfosten befestigt;
- Kombination Holz – Elektroband: der obere Abschluss besteht aus Holz, darunter wird Elektroband oder glatter Draht angebracht.

Wird Weichholz verwendet, ist eine Imprägnierung notwendig (z.B. Hochdruck-, Salzimprägnierung). Teerölhaltige Produkte sollten aus Gründen des Umweltschutzes nicht mehr verwendet werden. Gegen Verbiss, Gegenlehnen etc. sollte zusätzlicher Elektrodraht zumindest an der oberen Begrenzungsstange angebracht werden.
Die Eck- und Torpfosten müssen insbesondere bei den Bandzäunen relativ hohe Zugkräfte aufnehmen, also besonders massiv gesichert sein und gut versteift werden. Der Koppelzaun soll in den Ecken abgerundet sein und die einzelnen Teile des Zaunes, Pfähle, Latten dürfen keine scharfen Kanten haben. Das Tor soll stabil (einbetonierte Pfosten), mit einer Hand leicht zu bedienen sein und nicht in einer Ecke liegen.

Elektrodraht genügt als alleinige Einzäunung nicht, auch reine Drahtzäune sind nicht ideal. Wegen erhöhter Verletzungsgefahr sollte auf Stacheldraht ebenfalls verzichtet werden. Knotengitter ist dort, wo Schafe ebenfalls weiden sollen, aus weidehygienischer Sicht durchaus sinnvoll, muss jedoch zusätzlich gesichert werden, da für Pferde eine erhöhte Verletzungsgefahr (Hängenbleiben) besteht. Das gilt für alle Einzäunungen, in denen sich ein Pferdehuf oder -bein verfangen kann. Hecken können durchaus auch als Einzäunung dienen, sie sollen dann jedoch 1,50 m hoch und mindestens 0,60 m breit sein, Schwachstellen sind zusätzlich zu sichern.

Elektrobänder müssen mindestens 2.000 Volt Hütespannung haben, auch noch an vom Stromgeber weit entfernten Stellen (regelmäßig überprüfen mittels im Handel erhältlichen Prüfgeräten!). Weidezaungeräte sollen mit einem VDE-, GS- oder DLG-Prüfsiegel gekennzeichnet sein.

Wenn die Pferde auf der Weide nicht genügend Beschäftigung haben (z.B. knappes Futter) oder beunruhigt werden (z.B. durch Insekten) neigen sie eher zum Ausbrechen. Das ist auch der Grund dafür, dass die Einzäunung für Paddocks höher als für Weiden sein soll: 1,60 bis 1,80 m bei Pferden. Viele Unfälle von Pferden auf der Weide zeigen, dass es eine absolut sichere Einzäunung für Pferde nicht gibt. Allerdings macht es sich auf keinen Fall bezahlt, an der Einzäunung zu sparen.

Merke:

Die Einzäunung von Pferdeweiden soll stabil, gut sichtbar, Respekt einflößend sein; sie muss regelmäßig überprüft werden.

Bäume und Sträucher spenden Schatten, bieten Schutz vor schlechter Witterung und starkem Wind, sind optische Verstärkung und ökologische Bereicherung. Pflanzaktionen sind daher sehr zu begrüßen! (Natürlich keine giftigen Pflanzen.) Wertvolle Bäume oder Bauminseln in der Weide sind gegen Anfressen zu schützen.

Tränken, Witterungsschutz

Pferde benötigen je nach Größe, Kondition und Witterung mindestens 20 bis 60 l Wasser pro Tag.

Weidetränken müssen gut gesichert sein.

Witterungsschutz

Merke:

Werden Pferde tageweise oder mehrtägig auf der Weide gehalten, dann muss ihnen sauberes Trinkwasser und Witterungsschutz zur Verfügung stehen.

Diese Trinkwasserversorgung mit frischem, hygienisch einwandfreiem Wasser muss sichergestellt sein, wenn die Pferde tageweise oder mehrtägig auf der Weide sind.

Ebenso sollte Pferden, die einen oder mehrere Tage auf der Weide verbringen, ein Witterungsschutz zur Verfügung gestellt werden. Das kann ein natürlicher oder künstlicher Witterungsschutz sein. Natürlicher Witterungsschutz ist zum Beispiel, je nach Witterung und Ausbildung, bereits eine Baum- oder Buschgruppe. Die Voraussetzung ist, dass die Schutzfunktion unter den gegebenen Voraussetzungen tatsächlich erfüllt wird, so sind Laubbäume im Winter, z.B. bei lang anhaltenden Niederschlägen, ungeeignet. Unter dem Witterungsschutz darf sich auch bei lang anhaltenden Regenfällen kein Morast bilden.

Sofern kein natürlicher Witterungsschutz zur Verfügung steht, muss erforderlichenfalls ein geeigneter künstlicher geschaffen werden. Im Sommer kann ein einfaches Dach als Schattenspender ausreichen, im Winter ist Schutz gegen Niederschläge und Wind vorzusehen. Aus Hygienegründen (und damit der Schutz auch aufgesucht wird) muss der Boden trocken sein und sauber gehalten werden. Die Fläche des Witterungsschutzes soll so groß sein, dass sich dort alle Pferde gleichzeitig aufhalten können. Kann Witterungsschutz generell nicht geboten werden, dann müssen Pferde bei extremer Witterung oder bei Insektenplage in den Stall gebracht werden.

Bewirtschaftungsmaßnahmen

Die Nährstoffzusammensetzung und der Geschmackswert der Weidepflanzen sind von Klima, Boden, Nutzungsintensität und Düngung abhängig. Diese Faktoren beeinflussen die botanische Zusammensetzung entscheidend. Mehr als 100 verschiedene Pflanzenarten, Gräser, Kleearten und Kräuter können auf unseren Weiden wachsen. Ein gemischter Pflanzenbestand wird am intensivsten genutzt, wobei für Pferdeweiden ein Gräseranteil von 70 bis 80% anzustreben ist. Bei ausschließlicher Nutzung durch Pferde gehen die schmackhaften Gräser zurück, da sie bis auf die Wurzel abgefressen werden, während Weißklee und Unkräuter, Wegerich und Gänseblümchen zunehmen.

Der für Pferde typische kurze Verbiss der Grasnarbe, die Trittbelastung durch die Hufe und die selektive Futteraufnahme (Bevorzugung einiger bestimmter Pflanzenarten) führt zu einer relativ starken Belastung von Pferdeweiden. Man spricht auch von „Pferdemüdigkeit der Weide". Jeder Pferdehalter muss seine Weide also ständig beobachten und nötigenfalls entsprechende Bewirtschaftungs- und Pflegemaßnahmen ergreifen.

Zur regelmäßigen Weidepflege gehören z.B. Abschleppen, Absammeln der Pferdeäpfel und Walzen.

Hierzu gehören:

- Wechsel von Heugewinnung und Beweidung (mindestens regelmäßiges Abmähen überständigen Grases);
- gemeinsame oder wechselseitige Nutzung durch Rinder und Pferde. (Das dient der Weidepflege besonders, da Pferd und Rind unterschiedliches Grasungsverhalten aufweisen und unterschiedliche Pflanzenarten bevorzugen. Außerdem verringert sich die Gefahr eines Befalls mit Parasiten, da der Kreislauf der Parasiten unterbrochen wird);
- genügend lange Ruhezeiten durch Portionsweiden, Umtriebsweiden (günstig ist zumindest eine Dreiteilung der Flächen);
- Absammeln der Pferdeäpfel, Walzen, Abschleppen;
- bedarfsgerechte Düngung nach Bodenuntersuchungsergebnissen durch die LUFA (Landwirtschaftliche Untersuchungs- und Forschungsanstalt);
- rechtzeitige Nachsaat durch Übersaat (Grassamen wird an besonders belasteten Stellen auf den Boden gestreut), Durchsaat (Einbringung des Samens mittels Spezialsämaschinen in 1,5 bis 2 cm Tiefe) oder Neuansaat.

Umweltanforderungen, wie z.B. relativ später Schnitt (nicht vor 1. Blüte), Vermeidung von Überdüngung, extensive Bewirtschaftung sollten möglichst berücksichtigt werden. Wo eine Düngung notwendig ist, soll diese nach Bodenuntersuchungen erfolgen, wobei nicht nur die Versorgung mit den Hauptnährstoffen Stickstoff, Phosphor, Kalium und Kalzium, sondern auch mit Spurenelementen wichtig ist.

Merke:

Die Qualität der Weide hinsichtlich ihrer biologischen Zusammensetzung ist von Klima, Boden und Nutzungsintensität abhängig. Daher müssen Weiden ständig beobachtet werden, um die erforderlichen Bewirtschaftungsmaßnahmen einleiten zu können.

Auslauf (Paddock), Führanlage

Paddock

- **Größe:** Der einer Box direkt zugeordnete Auslauf (Paddock) kann bereits sinnvoll sein, wenn er nur so groß ist, wie die Box selbst. Ein solcher Auslauf bietet zwar wenig Bewegungsanreiz, jedoch Umweltkontakt und Klimareize (Sonne, Regen etc.). Natürlich gilt auch hier der Grundsatz: je größer, desto besser. Ein Auslauf von ca. 10 x 30 m ermöglicht bereits einige Galoppsprünge. Sofern mehrere Pferde gemeinsam in den Auslauf gebracht werden (wegen der Sozialkontakte wünschenswert), ist es sinnvoll, in der Mitte einen Raumteiler anzubringen, damit rangniedrigere Tiere ausweichen können.

- **Befestigung:** Wird der Boden naturbelassen, bildet sich in der relativ kleinen Auslauffläche schnell tiefer Matsch, der nach einiger Zeit durch den Kot der Tiere stark verschmutzt und abgetrocknet bei schwerem Boden recht uneben wird. Aus diesem Grund sollte der Boden des Auslaufs befestigt werden.

- **Einzäunung:** Die relativ kleine Fläche des Auslaufs soll verletzungssicher eingezäunt werden, um ein Überspringen zu verhindern: bei Pferden 1,60 bis 1,80 m hoch. In Frage kommen: Holzzäune oder Metallrohre. Das Eingangstor sollte so groß sein, dass es auch mit dem Schlepper und angekoppelten Pflegegeräten befahren werden kann.

Befestigung des Auslaufs mit Gittersteinen.

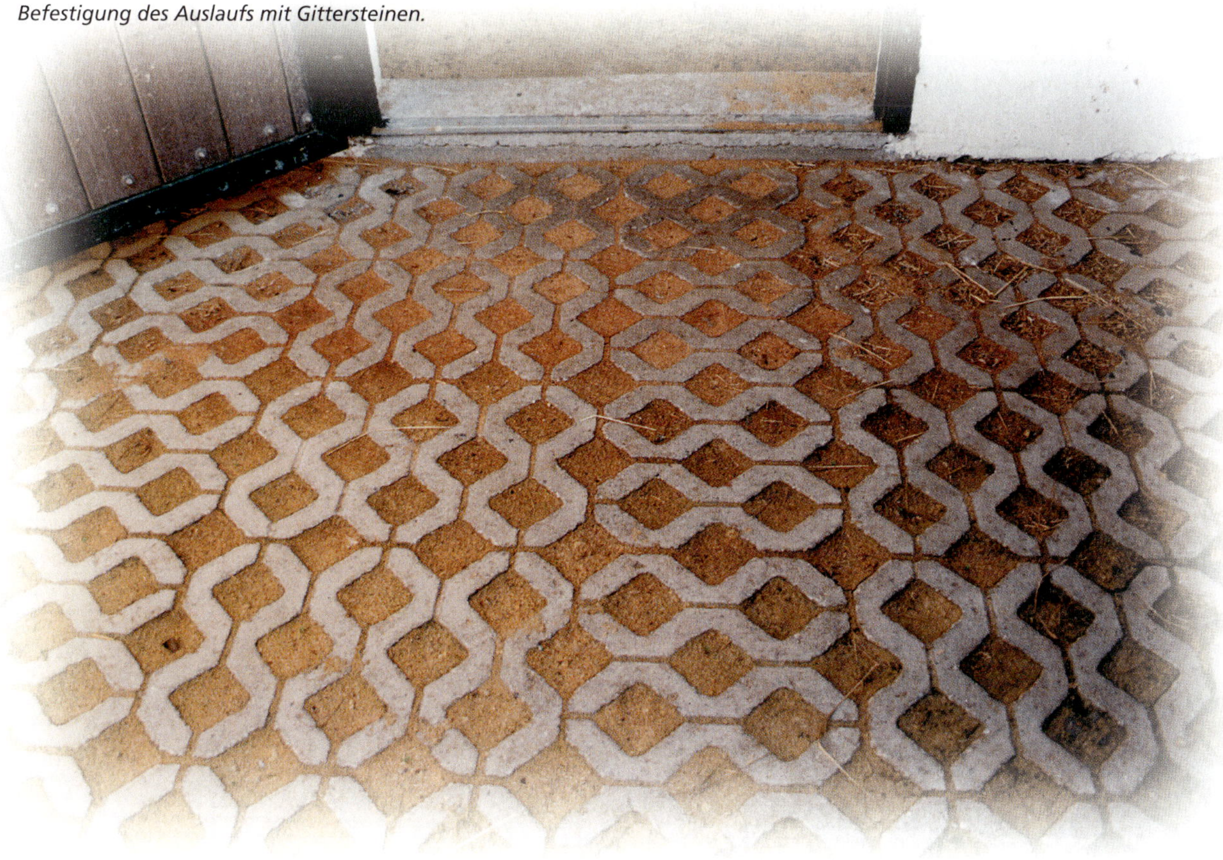

Führanlagen

Führanlagen können, vernünftig eingesetzt, als Ergänzung des Trainings und für die zusätzliche Bewegung der Pferde gute Dienste leisten. Zu bevorzugen sind so genannte Freilaufanlagen. Die Lauffläche sollte befestigt werden. Wichtig ist auch hier die gesicherte Wasserabführung. (In diesem Zusammenhang sei darauf hingewiesen, dass gemäß der „Leitlinien Tierschutz im Pferdesport" des BML der Einsatz von Führmaschinen mit Strom führenden Treibhilfen tierschutzwidrig ist.) ■

Freilaufführanlage

KAPITEL 4

Grundausbildung des Pferdes

Ziel der reiterlichen Grundausbildung ist es, ein angenehm gehendes, gehorsames, williges, leistungsfähiges und geschicktes Pferd heranzubilden. Durch Gewöhnung, sorgsame Erziehung und Gymnastizierung werden die natürlichen Anlagen des Pferdes erhalten, verbessert und für den Reiter in bestimmten Situationen nutzbar gemacht. Die dressurmäßige Ausbildung dient hierfür als Grundlage. Sie ist die Voraussetzung für die weitere Ausbildung in allen reiterlichen Disziplinen.

Im folgenden Abschnitt wird, umgekehrt wie im ersten Teil, davon ausgegangen, dass der Reiter den notwenigen Anforderungen an Sitz, Hilfengebung, Gefühl und Einwirkung entspricht. Auf ein junges Pferd gehört ein erfahrener Reiter, der die Stärken und Schwächen des Pferdes erfühlen und sich darauf einstellen kann. Alles andere bleibt Stückwerk und bringt mit unrittigen, gespannten und widersetzlichen Pferden auf Dauer nur Unzufriedenheit für alle Beteiligten.

Merke:

Auf ein junges Pferd gehört ein erfahrener Reiter.

Mit der Ausbildung des Pferdes unter dem Reiter sollte nicht vor Vollendung des 3. Lebensjahres begonnen werden. Je nach Körperbau, Konstitution und deren Entwicklung wird das Training allmählich gesteigert.

Nach der Phase der Gewöhnung und des Anreitens muss für die Ausbildung bis zur Klasse A mindestens 1 Jahr gerechnet werden. Es schließt sich eine weiterhin vielseitig angelegte Ausbildungsarbeit an, die die günstigsten Voraussetzungen für eine eventuelle Verwendung des Pferdes in einer Spezialdisziplin bietet. Eine zu frühe Spezialisierung ist nachteilig, da sie eine eintönige und einseitige Belastung für das Pferd darstellt. Nur durch eine vielseitige Grundausbildung wird das Pferd, was Geschicklichkeit, Balance und Geschmeidigkeit anbelangt, optimal gefördert, was letztendlich auch die Durchlässigkeit verbessert.
Planvoll eingesetzte Sportpferde gehen in der Regel im Alter von 15 bis 18 Jahren aus dem Turniersport und stehen aufgrund der im Training erworbenen Kondition und Gymnastizierung oft noch mehrere Jahre für Freizeitreiter oder für die Ausbildung von jungen Reitern als Lehrpferde zur Verfügung.

4.1 Eigenschaften und Voraussetzungen des Reiters

Es bedarf einer langjährigen Erfahrung im Sattel und im Umgang mit verschiedenen Pferden, um das junge Pferd verständnisvoll ausbilden zu können. Der Ausbilder muss ein vielseitig ausgebildeter Reiter sein, um dem Pferd die Grundlagen in der Dressur-, Spring- und Geländeausbildung zu geben. Eine zu frühe Spezialisierung von Reitpferden, auch wenn ihre Veranlagung für einzelne Disziplinen noch so groß scheint, entspricht nicht den Lehren der klassischen Reiterei und birgt so die Gefahr einer einseitigen Überforderung in sich.
Ein Ausbilder muss über viel Gefühl und Erfahrung verfügen, um die Voraussetzungen und begleitenden Umstände der Schulung beurteilen zu können. Dabei sind die Erfahrungen anderer Pferdefachleute und Weiterbildungsmaßnahmen ein hilfreiches Mittel, um die eigenen Fortschritte mit dem Pferd zu überprüfen. Der Ausbilder von Pferden, genauso wie der Ausbilder von Reitern, muss bestimmte Prinzipien berücksichtigen, die sich im Sinne einer Lernpädagogik bewährt haben. So muss Ausbildung:

- planvoll von statten gehen,
- systematisch vom Leichteren zum Schwereren führen,
- methodisch richtig aufgebaut sein,
- Kontinuität aufweisen,
- abwechslungsreich und vielseitig sein,
- den Wechsel von Belastung und Erholung berücksichtigen,
- von Verständlichkeit und Konsequenz geprägt sein,

Erfahrene Reiter sind in der Lage, dem jungen Pferd eine vielseitige, korrekte und abwechslungsreiche Ausbildung zu geben. Dazu gehört auch das Reiten im Gelände.

- unbeherrschte Emotionen des Reiters ausschließen,
- eine regelmäßige Überprüfung der Ausbildungsfortschritte enthalten,
- die Individualität eines jeden Pferdes berücksichtigen,
- zum äußeren und inneren Gleichgewicht von Pferd und Reiter führen.

Ein guter Ausbilder und Reiter, der sich mit „Pferdeverstand" um das junge Pferd bemüht, wird erkennen, dass mit einer richtigen Grundausbildung ein Pferd ausdrucksvoll und zufrieden wird. Das innere Wohlbefinden des Pferdes stellt beim Ausbilden und Reiten einen nicht zu überschätzenden Wert dar und ist das wichtigste Kriterium in der Harmonie zwischen Mensch und Pferd.

Maria Günther, internationale Dressurrichterin und anerkannte Ausbilderin

„Das Pferd sollte der vollwertige Partner des Reiters sein. Nur so können Reiter und Pferd zu einer Einheit zusammenwachsen. Irgendwelche auftretenden Fehler während einer Ausbildung sollte der Reiter zunächst bei sich selbst suchen. Grobheiten und unkontrolliertes Verhalten des Reiters wird das Pferd sofort mit Widersetzlichkeit quittieren. Das Pferd hört in den Reiter hinein und wird das wiedergeben, was der Reiter seinem Partner vermittelt. Geduld und Einfühlsamkeit dem Pferd gegenüber dankt es ganz sicherlich mit Leistungsbereitschaft und Freude am Gehen – sei es im Springen, Gelände oder in der Dressur."

4.2 Entwicklung und Verhalten des Pferdes

3-jähriges Pferd zu Beginn der Ausbildung. Hals- und Hinterhandmuskulatur sind noch wenig ausgeprägt.

5-jähriges Pferd, dass durch korrekte Ausbildung weiter entwickelt ist und entsprechende Muskelpartien gebildet hat.

Ein Pferd ist normalerweise im Alter von vier bis fünf Jahren ausgewachsen. Nach einigen Wochen der Gewöhnung und des Anreitens kann sich im Alter von 3 bis 3 1/2 Jahren ein merhmonatiger Weidegang anschließen, bei dem die Konstitution, das Größenwachstum und die Veränderung der Proportionen weiter ausreifen. Im Alter von 3 1/2 bis 4 Jahren wird dann die Ausbildung fortgesetzt.

Die Ausbildung eines Pferdes verlangt vom Ausbilder, wenn es dabei nicht zu physischen und psychischen Überbeanspruchungen oder Schädigungen kommen soll, neben der als selbstverständlich vorauszusetzenden reiterlichen Eignung auch tierpsychologisches Grundwissen. Der nervliche Zustand des Pferdes wird durch unverständiges Vorgehen sehr schnell und nachhaltig negativ beeinflusst. Eine Korrektur dauert Monate, oft auch Jahre. Vorzeitiger Verschleiß und Schäden, vor allem an den Gliedmaßen, sind weitere Folgen. Folgende Punkte können dem Ausbilder als psychologische Richtschnur für den Umgang mit dem Pferd und dessen Ausbildung dienen:

- Das Pferd ist seinem Körper und Verhalten nach ein hochspezialisiertes Lauftier, das in der Herde lebt. Es fühlt sich zusammen mit Artgenossen am sichersten (siehe S. 12).
- Das Pferd muss lernen, den Menschen zu respektieren, es soll sich nicht unterwerfen. Wenn das Pferd unter menschlicher Einwirkung Fehler macht, dann mit großer Sicherheit nur deshalb, weil es den Menschen nicht richtig verstanden hat.
- Um den Menschen verstehen zu können, muss das Pferd Vertrauen zu ihm haben. Vertrauen ist die Grundlage für das Verständnis (siehe S. 19).
- Verständigungsmittel für den Menschen zum Pferd sind die Hilfen und Hilfsmittel: Stimme – Berührung – Gewicht – Belohnung.
- Sichere Verständigung wird durch Gewöhnung an die Hilfen erreicht. An unbekannte Dinge muss das von Urzeiten her auf Flucht eingestellte Pferd sinnvoll und langsam gewöhnt werden. Falls bei der Ausbildung Unsicherheit oder gar

Angst entsteht, muss wieder von vorn begonnen werden, wobei zu bedenken ist, dass das Erinnerungsvermögen (an Gutes wie an Schelchtes) des Pferdes sehr stark ausgeprägt ist. Es kann also lange Zeit dauern, bis einmal vorhandene gemachte negative Erfahrungen wieder vergessen sind.

- Voraussetzung für die Lernfähigkeit des Pferdes ist sein körperlicher Reifegrad. Überforderung des Organismus und des Lernvermögens bedeutet Rückschritt bei der Ausbildung.
- Das Pferd ist nur dann in der Lage, seine Anlagen und Fähigkeiten voll zu entwickeln, wenn es sich hinsichtlich seiner artgemäßen Lebensbedürfnisse mit der Umwelt, d.h. auch mit dem Menschen, in Einklang befindet.
- Der Umgang mit dem Menschen soll für das Pferd Geborgenheit in allen Situationen bedeuten.

Der Ausbilder muss weiterhin genau über die Leistungen der Sinne des Pferdes informiert sein.
Am besten ist der Geruchssinn des Pferdes entwickelt, der allerdings bei der Ausbildung nur in sehr geringem Maße positiv zur Geltung kommt. Dagegen tritt er hin und wieder unangenehm in Erscheinung, wenn sich das Pferd aufgrund eines ihm unangenehmen Geruchs (Schweinestall oder -weide) oder einer Geruchserinnerung (Rauch, Chemikalien usw.) zur Wehr setzt.

Ebenfalls hochentwickelt ist das Gehör. Daraus ergibt sich die Forderung, überflüssige, laute Geräusche im Stall und während der Ausbildung zu vermeiden.
Die Sehkraft des Pferdes ist nicht sehr groß. Die seitlich am Kopf befindlichen Augen ermöglichen aber einen sehr viel weiteren Sehkreis, als ihn der Mensch bzw. der Reiter hat.
Das Pferd ist ein ausgesprochener „Bewegungsseher". Es sieht vor allem auch seitlich und in der Ferne Dinge, die sich bewegen, eher und deutlicher als sein Reiter, dem das daraus folgende Scheuen daher oft völlig unverständlich ist.

Der Tastsinn und die Reizempfindlichkeit der Haut sind sehr gut entwickelt. Letzteres ist für eine feine Abstimmung der Berührungshilfen von großem Wert bei der Ausbildung des Pferdes.
Die Beobachtung von Auge, Ohr, Schweif, Schnauben und Schweißbildung können dem Ausbilder wesentliche Hilfen zum Erkennen des psychischen Zustandes des Pferdes sein.

Das Auge ist der Spiegel der inneren Eigenschaften und des Zustandes. Es kann Aufmerksamkeit, Zutraulichkeit, Misstrauen oder Furcht ausdrücken.

Das junge Pferd muss zuerst lernen, seiner Umwelt und dem Reiter zu vertrauen.

Ebenso gibt das Ohrenspiel des Pferdes wichtige Hinweise auf seine Gemütsverfassung. Zurückgelegte, anliegende Ohren drücken immer Missbehagen und Abwehrbereitschaft aus. Ein lebhaftes Ohrenspiel und aufgestellte, nach vorn gerichtete Ohren sprechen für Aufmerksamkeit und den „Willen zum Mitmachen".
Das Abschnauben oder „Abprusten" deutet, verbunden mit lockerer, pendelnder Schweifhaltung, auf gelöste, entspannte Muskulatur und Leistungsbereitschaft hin. Bei gespannt getragenem, eingeklemmten oder hochgestelltem Schweif bringt das Pferd dagegen Angst, Spannung oder Aufregung zum Ausdruck.
Ebenso kann Schweißbildung außer durch Anstrengung auch durch besondere Aufregung entstehen. In der Regel sind dabei erhöhte Herz- (Puls-) und Atemfrequenz zu beobachten.

Wichtigste Eigenschaften für die Erziehung eines Pferdes sind Verständnis, Einfühlungsvermögen, Ruhe und Konsequenz. Nervöse, unruhige Menschen sind in der Regel auch unduldsam und bringen bei der Erziehung und Ausbildung von Pferden nicht die erforderliche Ruhe und Sachlichkeit auf. Stetes, konsequentes Üben aller für den sicheren Umgang mit dem Pferd erforderlichen Tätigkeiten wie Anbinden, Füße hochheben, Führen oder Stillstehen wird die positiven Reflexe des Pferdes festigen. Lob, Tadel und gelegentlich auch angemessene Strafen sind die Erziehungsmittel, die in ihrer Anwendung immer im Verhältnis zur zumutbaren und erbrachten Leistung stehen müssen. Ständiges grundloses Füttern mit Zucker, Möhren oder anderen kleinen Leckerbissen wird verzogene Pferde zur Folge haben, die zu gegebener Zeit versuchen werden, die Rangordnung Mensch – Pferd umzukehren. Ebenso wird unverständiges,unbegründetes oder maßloses Strafen sich widersetzende, später sogar bösartige Pferde zur Folge haben.
Ein großer Fehler liegt darin, bei der Erziehung und Ausbildung vom Pferd Reaktionen zu erwarten, die menschlichem Denken entsprechen.

Jedes Pferd wird, wie alle Tiere, immer nach seinen in der Entwicklung eingeschliffenen Reflexen handeln. Nur der Ausbilder, der sich mit den Grundlagen der Psychologie des Pferdes vertraut gemacht hat, wird Erfolg bei seiner Arbeit haben.

Diesem jungen Pferd sieht man das Vertrauen zu seinem Reiter an. Gerade in neuen Situationen kann man Rückschlüsse auf die bisherige Erziehung und Ausbildung ziehen.

In der Entwicklung und Grundausbildung des Pferdes müssen auch die Veränderungen des natürlichen Gleichgewichtes beachtet werden, die gerade das Reitergewicht verursacht.
Die Grundlage für Fortbewegung, Bewegungsmechanik und späterer Leistungsfähigkeit des Pferdes unter dem Reiter ist das Exterieur. Die Proportionen von Körper und Gliedmaßen sowie die entsprechende Muskulatur spielen eine entscheidende Rolle für die wechselseitige Beeinflussung in der Bewegung.
Ein gutes Exterieur ist, gepaart mit gutem Bewegungsablauf, psychischer Belastbarkeit und systematischer Gymnastizierung die beste Voraussetzung für ein Pferd, um in Gleichgewicht und in Selbsthaltung den Reiter tragen zu können.

Durch das zusätzliche Reitergewicht wird das junge Pferd zunächst in seinem Gleichgewicht gestört. Der Reiter versucht mit Hilfe von Gewicht, Schenkeln und Zügeln dieses Gleichgewicht während der ersten Ausbildungsabschnitte langsam wieder herzustellen. Es muss dem Pferd ermöglicht werden, sich ohne Zwang auszubalancieren und dabei seine natürliche Vorwärtsbewegung zu erhalten.
Es liegt in der Hand des Ausbilders, mit Sachkenntnis, Ruhe und ständiger Beobachtung das Pferd zur zufriedenen Mitarbeit zu erziehen. Schritt für Schritt muss diejenige Muskulatur aufgebaut werden, die notwendig ist, um das natürliche Gleichgewicht wieder herzustellen und um später eine vermehrte Lastaufnahme der Hinterhand des Pferdes zu erreichen!
Nur durch systematisch aufgebautes Training kann das angeborene Gleichgewicht unter dem Reiter in den drei Grundgangarten, auch in unebenem und hügeligem Gelände und über Sprünge, wiedergefunden werden.

Merke:
Der Reiter muss ich immer wieder wusst sein, dass as Gleichgewicht s jungen Pferdes urch die zusätzli- ne Aufnahme des eitergewichts zunächst beeinträchtigt wird.

4.3 Grundgangarten

Der Sinn der gymnastischen Ausbildung des Pferdes liegt nicht zuletzt darin, die Reinheit der natürlichen Bewegungen zu erhalten und zu verfeinern. Es sollte daher für jeden Ausbilder eine Selbstverständlichkeit sein, dass er den genauen Bewegungsablauf des Pferdes in den drei Grundgangarten kennt. Nur dann wird er in der Lage sein, gegebenenfalls gezielt Einfluss darauf nehmen zu können.

Merke:
In den drei Grundgangarten muss der Takt in allen Tempi - Arbeitstempo, Versammlung und Verstärkung – erhalten bleiben.

Schritt

Der Schritt ist eine schreitende Bewegung im Viertakt ohne Schwebephase, die aus einer Folge von aneinandergereihten Schritten besteht. Die Vorwärtsbewegung der Füße erfolgt in acht Phasen, in der sich jeweils Drei- und Zweibeinstütze abwechseln. Die Fußfolge ist dabei nacheinander diagonal-lateral, also z.B. vorne rechts, hinten links, vorne links, hinten rechts (siehe S. 92). Am einfachsten kann der gleichmäßige Viertakt auf festem Boden überprüft werden, weil er dort deutlich zu hören ist. Eine optische Hilfe ist es, das gleichseitige Vorderbein und Hinterbein zu beobachten, die sich keinesfalls der Parallelität nähern dürfen, sondern für einen kurzen Augenblick ein „V" entstehen lassen. Das bedeutet, dass der Hinterhuf beim Vorschwingen fast noch den gleichseitigen Vorderhuf berührt. Werden die gleichseitigen Füße gleichzeitig vorbewegt und aufgesetzt, entsteht eine fehlerhafte Gangart, der Pass.

Die Tempi im Schritt sind:

Der Mittelschritt, bei dem die Hinterhufe über die Spur der Vorderhufe hinausgreifen. Das Pferd schreitet mit stetiger und weicher Anlehnung, wobei der Reiter die Nickbewegung des Pferdes zulässt. Der Mittelschritt ist der natürliche freie Schritt des Pferdes.
Im versammelten Schritt treten die Hinterhufe höchstens bis in die Spur der Vorderhufe. Das

Fußfolge Schritt

Mittelschritt

Pferd ist, entsprechend dem vermehrten Versammlungsgrad und der stärkeren Hankenbeugung, aufgerichtet. Der Fleiß bleibt erhalten. Die Stirnlinie nähert sich der Senkrechten. Die Schritte werden im Ausdruck erhabener (geringe Nickbewegung).

Im starken Schritt bewegt sich das Pferd mit weiten, raumgreifenden Schritten. Die Schrittlänge ist abhängig von der naturgegebenen Veranlagung und dem Körperbau des Pferdes. Ein weiteres Vorfußen als im Mittelschritt muss klar erkennbar sein (stärkere Nickbewegung).

Fußfolge Trab

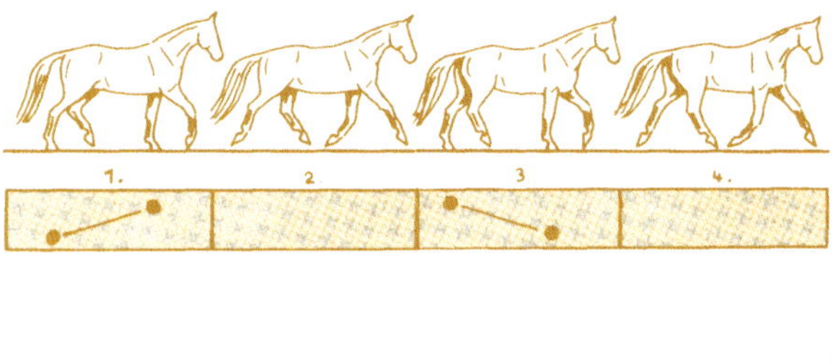

Trab

Der Trab ist eine schwunghafte Bewegung im Zweitakt mit vier Phasen, die aus einer Folge von aneinandergereihten Tritten besteht. Das diagonale Beinpaar wird gleichzeitig vorwärts bewegt und anschließend gleichzeitig aufgesetzt. Da das vorschwingende Beinpaar den Boden etwas später erreicht, als das abfußende diesen verlässt, entsteht dazwischen ein Augenblick der freien Schwebe.

Im Trab werden folgende Tempi unterschieden:

Der Arbeitstrab ist das gebräuchlichste Tempo in der Grundausbildung und deshalb muss ihm besondere Aufmerksamkeit gewidmet werden. Das Tempo des Arbeitstrabs muss stets fleissig sein, aber nie eilig. Das losgelassene Pferd tritt dabei taktmäßig, raumgreifend und schwungvoll, d.h.

Arbeitstrab

Fußfolge Rechtsgalopp

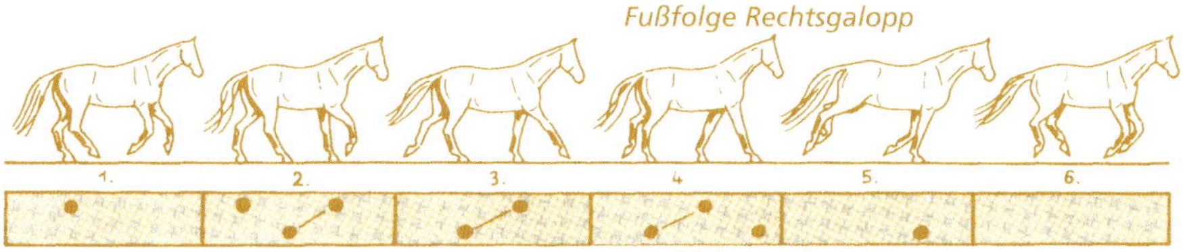

Fußfolge Linksgalopp

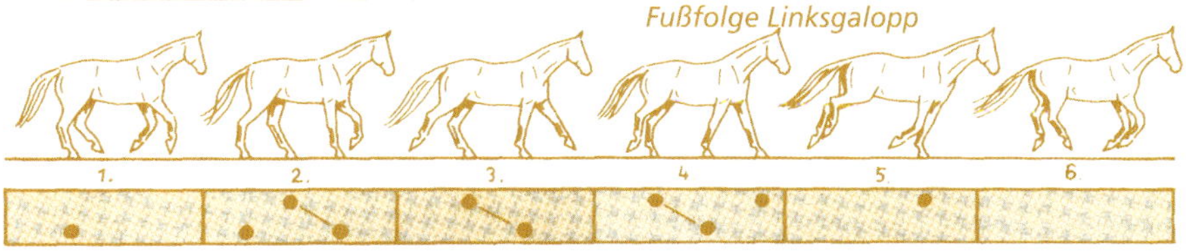

mit guter Aktivität der Hinterhand. Die Hinterhufe fußen etwa in die Spur der jeweiligen Vorderhufe.

Im Mitteltrab gewinnt das Pferd durch größeren Raumgriff mehr Boden, ohne in der Trittfolge eiliger zu werden. Der kräftige Schub der Hinterbeine muss das Pferd zum leichten Abfedern und freien Anheben der Vorderbeine bewegen. Die Hinterhufe treten über die Spur der Vorderhufe.
Durch ein leichtes Dehnen des Halses kommt die Stirn-Nasenlinie etwas weiter vor die Senkrechte (Rahmenerweiterung); die Genickkontrolle darf nicht aufgegeben werden und die Selbsthaltung des Pferdes muss erkennbar bleiben.

Das „Tritte verlängern" ist als Vorstufe des Mitteltrabs zu verstehen und wird als eine allmähliche Steigerung vom Arbeitstrab zum Mitteltrab geritten.
Im versammelten Trab treten die Hinterbeine bei stärker gebeugten Hanken vermehrt in Richtung unter den Schwerpunkt des Pferdes. Dadurch verkürzt sich der Raumgriff ohne Einschränkungen an Fleiß, Aktivität und Schwung. Die Vorhand wird entlastet – bei vermehrter Aufrichtung. Die Tritte werden erhabener. Die Hinterhufe fußen höchstens bis in die Spur der Vorderhufe.

Der starke Trab ist die höchste Steigerung der Vorwärtsbewegung im Trab und zeigt größtmöglichen Schwung, Schub und Raumgriff im Einklang mit der entsprechenden Rahmenerweiterung. Diese wird durch das Vorlassen der Nase und durch das Dehnen des Halses erreicht. Die Hinterhufe des Pferdes fußen deutlich über die Spur der Vorderhufe.
Nur ein Pferd, das sich versammeln lässt und so vermehrt mit der Hinterhand Last übernimmt, kann im starken Trab geritten werden, ohne auf die Vorhand zu kommen.

Arbeitsgalopp

Galopp

Der Galopp ist eine schwunghafte Bewegung im Dreitakt, die aus einer Folge von aneinandergereihten Sprüngen besteht, zwischen denen sich das Pferd jeweils für einen Augenblick in der freien Schwebe befindet. Es werden Rechtsgalopp und Linksgalopp unterschieden, je nachdem welches Beinpaar weiter nach vorne springt. Die Fußfolge ist: zuerst das jeweils äußere Hinterbein, dann gleichzeitig das innere Hinterbein mit dem äußeren Vorderbein, gefolgt von dem inneren Vorderbein und zuletzt der Schwebephase. Daraus ergeben sich z.B. beim Linksgalopp folgende 6 Phasen

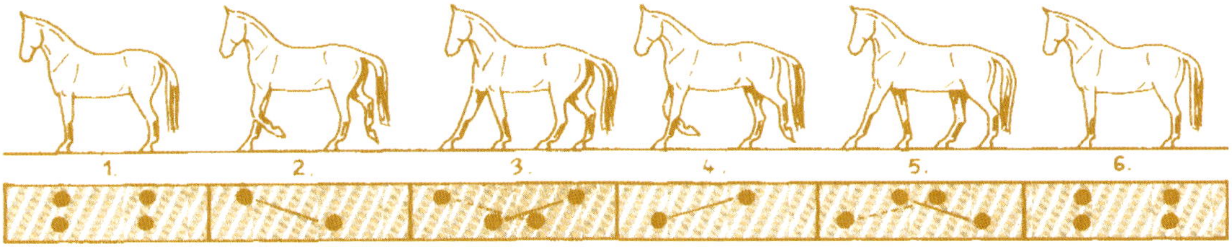

Fußfolge Rückwärtsrichten

des Bewegungsablaufes: Die Einbeinstütze hinten rechts, die Dreibeinstütze hinten rechts gemeinsam mit hinten links und vorne rechts, die Zweibeinstütze, nämlich das diagonale Beinpaar hinten links und vorne rechts, erneut eine Dreibeinstütze hinten links, vorne rechts dazu vorne links, der zweiten Einbeinstütze vorne links und dem Moment der freien Schwebe als sechste Phase (siehe S. 93).

Die Tempi im Galopp sind:

Im Arbeitsgalopp muss das Pferd fleißig, regelmäßig und schwungvoll in einem deutlich erkennbaren Dreitakt springen. Der Raumgriff, auch als Bodengewinn bezeichnet, beträgt etwa eine Pferdelänge.

Im Mittelgalopp werden längere und raumgreifendere Galoppsprünge mit entsprechender Rahmenerweiterung verlangt. Das „Galoppsprünge verlängern" ist eine Vorstufe zum Mittelgalopp. Hierbei wird der Raumgriff der Galoppsprünge allmählich vom Arbeitsgalopp bis zum Mittelgalopp gesteigert.

Im versammelten Galopp nimmt die deutlicher unterspringende Hinterhand vermehrt Last auf, ohne an Fleiß zu verlieren. Der Galoppsprung wird dadurch erhabener.

Im starken Galopp wird der höchstmögliche Bodengewinn erzielt. Dabei muss die gleichmäßige Anlehnung bei entsprechender Rahmenerweiterung gewährleistet sein. Der Galoppsprung soll gegenüber dem Mittelgalopp raumgreifender, jedoch nicht eiliger werden. Wie im starken Trab ist auch für den starken Galopp die Versammlung Voraussetzung.

Rückwärtsrichten

Das Rückwärtsrichten ist keine Grundgangart, stellt aber ebenfalls einen geregelten Bewegungsablauf dar. Deshalb wird es hier der Vollständigkeit halber aufgeführt. Beim Rückwärtsrichten handelt es sich um einen Bewegungsablauf im Zweitakt, der aus einer Folge von aneinandergereihten Tritten besteht. Zwei diagonale Füße werden gleichzeitig rückwärts bewegt und ebenso aufgesetzt. Das rückwärts bewegte Beinpaar erreicht den Boden, bevor das andere abfußt. Es gibt also keinen Moment der freien Schwebe.

Spezialgangarten

Schritt, Trab und Galopp sind die drei Grundgangarten des Reitpferdes. Rassebedingt oder anerzogen gibt es die Gangarten „Tölt" und „Pass".

Der Tölt kennzeichnet sich durch einen schnellen Viertaktrhythmus bei relativ hoher Hals- und Kopfhaltung. Die Geschwindigkeit dieser Gangart muss mindestens 200 m/Min. betragen. Obwohl das Pferd im Tölt mit hoher Aktion energisch vorwärts gehen soll, lässt er sich vom Reiter bequem aussitzen, da durch die schnelle Fußfolge im Viertakt keine Wurfbewegung entsteht.

Im Passgang hebt das Pferd das gleichseitige (laterale) Beinpaar gleichzeitig ab, schwingt es vor und setzt es auch gleichzeitig wieder auf. Da diese schwunglose Bewegungsart des Pferdes für den Reiter wenig anstrengend ist, wird sie bei Gelegenheiten, wo es nur auf das Tragenlassen und die Bewältigung von Entfernungen ankommt, gelegentlich bevorzugt. In der Mehrzahl der Fälle ist der Passgang dem Pferd anerzogen.

4.4 Gewöhnung und Anreiten

Gewöhnung im Stall

In den meisten Fällen vollzieht sich die Grundausbildung eines Pferdes nicht in der Umgebung, in der es aufgewachsen ist.
Umgebungs-, Stall- und Futterumstellung sind oft von einschneidender Bedeutung für die weitere Erziehung und Ausbildung. Der Ausbilder muss dem Pferd mit Einfühlungsvermögen und Geduld die erforderliche Zeit gewähren, die meist nur wenige Tage, in einigen Fällen aber auch mehrere Wochen dauern kann.
Gerade während der Phase des Anreitens sollten zusätzlicher Weidegang oder Auslauf den Bewegungsdrang und auch Verspannungen mindern und die Ausgeglichenheit und das Wohlbefinden des jungen Pferdes steigern.
Besonders sorgfältig muss dann die Gewöhnung des jungen Pferdes an das ihm unbekannte Sattel- und Zaumzeug vorgenommen werden. Das erste Kennenlernen der Ausrüstungsgegenstände geschieht am zweckmäßigsten in der gewohnten Umgebung des Stalles. Die Ideenverbindung: Stall – Futter = angenehm! wird die neuen Gegenstände dann bald mit einschließen.
Zuerst wird die Trense aufgelegt. Zweckmäßig ist es, zusätzlich noch eine Longe einzuschnallen, um bei unvorhergesehenen Ausreißversuchen das Pferd auf jeden Fall unter „Kontrolle" zu behalten. Bei einem Pferd, dem es beim ersten Satteln gelingt auszubrechen, dauert es oft lange, bis es sich dies in Ruhe gefallen lässt. Das erste Satteln des jungen Pferdes, das mit dem für viele Pferde zunächst unangenehmen Anziehen des Sattelgurtes verbunden ist, wird auf weichem Untergrund wie in einer Reithalle, auf einem Reitplatz oder zumindest auf einem geräumigen Vorhof geschehen. Ein elastischer Gurt beugt unnötigen Verspannungen vor. Auch bei vorheriger Gewöhnung an den Menschen und die Ausrüstungsgegenstände sind oft einige mehr oder weniger heftige „Befreiungssprünge" kaum zu vermeiden, die in der Enge des Stalles und besonders auf der Stallgasse zu Stürzen und ernsthaften Verletzungen führen könnten.

Der Ausbilder sollte grundsätzlich gemeinsam mit einem Gehilfen zusammenarbeiten, niemals allein. Ruhiges Verhalten und eine beruhigende Stimme sind wichtig. Mit etwas Futter kann das Pferd gelobt werden.

Longieren

Die Arbeit an der Longe ist als Vorbereitung für die Ausbildung unter dem Reiter sehr zweckmäßig und in vielen Fällen unentbehrlich. Die Gründe sind unter anderen:

- das junge Pferd mit der Arbeit vertraut zu machen,
- es an Gehorsam zu gewöhnen,
- und das taktmäßige und losgelassene Gehen zu entwickeln.

Das junge Pferd lernt zunächst an der Longe taktmäßig und losgelassen an das Gebiss heranzutreten.

Im Verlauf der weiteren Ausbildung des Pferdes kann die Losgelassenheit immer wieder mit Erfolg angewandt werden, wenn sich Unregelmäßigkeiten infolge falscher Arbeit unter dem Reiter in Gang und Haltung eingestellt haben.

Manfred Lopp · Langjähriger technischer Leiter der Hengstprüfungsanstalt Adelheitsdorf (30 Jahre)

„Zur Frage der Gewöhnungsarbeit und zum richtigen Zeitpunkt des Anreitens eines Pferdes ist es wichtig, zunächst erst einmal festzustellen, in welchem Alter ein Pferd eingeritten werden sollte. Die Praxis hat gezeigt, dass es einfacher und auch sinnvoller ist, ein junges Pferd im Alter von 3 Jahren einzureiten, als zu einem späteren Zeitpunkt, wenn es wesentlich kräftiger und stärker geworden ist. Wichtigste Voraussetzung für das Einreiten ist stets die gute körperliche Entwicklung. Sorgsame Erziehung und Gewöhnung an all die Dinge, die zur Pflege des Pferdes gehören, sollten möglichst schon im frühen Alter beginnen.

Mit dem Longieren beginnt die eigentliche Ausbildung und Vorbereitung für das Reiten. Diese Arbeit sollte wirklich ernst genommen werden, denn hierbei können schon Fehler entstehen, die später schwer zu reparieren sind. Daher ist es wichtig, Schritt für Schritt vorzugehen; es beginnt schon mit dem Verpassen des Zaumzeugs und geht dann weiter mit den einzelnen Stationen des Longierens. Der Zeitraum des Longierens nimmt ungefähr vier bis sechs Wochen in Anspruch, je nach Temperament und Veranlagung. Die tägliche Arbeit sollte nicht mehr als 20-30 Minuten dauern.

Nach der mehrwöchigen Longenarbeit hat das Pferd gelernt, an das Gebiss zu treten, Ängstlichkeit und Scheu sind in der Regel abgelegt, und der Zeitpunkt des Einreitens ist gekommen. Dazu wird ein Reiter benötigt, der auf diesem Gebiet über ausreichend Erfahrung verfügt und sicher den Entlastungssitz beherrscht. In diesem Abschnitt der Vertrauensperiode ist es wichtig, die jungen Pferde nicht zu überfordern, besonders, wenn sie von Natur aus schon viel anbieten. Es darf nicht vergessen werden, dass sie noch voll in der Entwicklung stehen und ihre Zeit zur Reife brauchen. “

Die Longenarbeit eignet sich auch zur Korrektur von Pferden mit Exterieurmängeln sowie zur Verbesserung bestimmter Problemzonen (z.B. Hals und Rücken). Weiterhin kann das Longieren angebracht sein bei Pferden, die krank gewesen sind und nur leichte Arbeit verrichten sollen oder auch nur zur Variation einer abwechslungsreichen Ausbildung.

Die Gewöhnungsarbeit des jungen Pferdes an der Longe sollte grundsätzlich von zwei Personen, dem Longenführer und einem Gehilfen, vorgenommen werden. Während der Longenführer in der Zirkelmitte stehen bleibt, führt der Gehilfe das Pferd auf die Zirkellinie hinaus, um dann weiter in Höhe des Pferdekopfes mitzugehen. Haben Longenführer und Gehilfe den Eindruck, dass das Pferd sicher auf der Zirkellinie bleibt, kann der Gehilfe zum Longenführer zurückgehen, die Peitsche übernehmen und dem Pferd im Zirkelinneren auf Höhe der Hinterbeine folgen.

Wichtig ist, dass diese Arbeit mit äußerster Ruhe und sicherer Konsequenz erfolgt. Das Pferd wird dann sehr schnell die Hilfen der Longe, Peitsche und Stimme begreifen lernen und sich bald willig auf beiden Händen longieren lassen.

Das junge Pferd wird bei der ersten Gewöhnung an die Longenarbeit zunächst nicht oder ganz lang ausgebunden und sollte deshalb in einer Longierhalle oder einem abgegrenzten Zirkel anlongiert werden. Im Normalfall genügen drei bis vier Tage, bevor die Ausbinder (einfache Ausbindezügel oder Laufferzügel) angebracht werden. Sie werden etwa in Schulterhöhe am Gurt verschnallt, sodass sich das Maul bei nachgebender Halsmuskulatur ungefähr in Buggelenkshöhe befindet. Die Stirnlinie muss dabei etwa eine Handbreit vor der Senkrechten sein. Niemals darf das Pferd hinter die Senkrechte kommen.

Die Ausbindezügel werden gleich lang geschnallt, um das Pferd nicht von vornherein aus seinem natürlichen Gleichgewicht zu bringen und um ein weiteres Schiefgehen zu verhindern. Wenn das

Vor dem ersten Aufsitzen kann es sinnvoll sein, sich erst auf den Sattel zu legen, um das Pferd nicht zu erschrecken und um es schrittweise an das Reitergewicht zu gewöhnen.

Pferd anfängt, durch Fallenlassen des Halses die Anlehnung zu suchen, muss es auch Gelegenheit haben, diese Anlehnung zu finden. Für die erforderliche Stellung zur Innenseite kann der Ausbilder mit der Longe sorgen.

Kenntnis und Beobachtungsgabe ermöglichen dem Longenführer, die Ausbinder in Bezug auf Länge und Anbringungshöhe richtig zu verschnallen. Dabei soll das Pferd lernen, an das Gebiss heranzutreten und die Anlehnung zu suchen.

Die Longenarbeit des jungen Pferdes sollte vor allem in der Gewöhnungsphase nicht über 20 Minuten bis zu 1/2 Stunde hinausgehen und mit häufigem Handwechsel und Lob verbunden sein.

Weitere Grundsätze für das Longieren von jüngeren und älteren Pferden sind in den Richtlinien für Reiten und Fahren, Band 6 ??? beschrieben.

Aufsitzen und Anreiten

Die erste Vorbereitung zur Gewöhnung an das Auf- und Absitzen eines Reiters wird das Pferd in seiner Box und bei der täglichen Pflege erhalten, wenn der Pfleger mit seiner Hand über den Rücken streicht, es klopft oder sich vorsichtig mit seinem Oberkörper über den Widerrist beugt.

Da selbst das phlegmatischste und ruhigste Pferd erschrecken und sich wehren kann, wenn plötzlich ein Reiter auf seinem Rücken sitzt, muss das erste Aufsitzen immer mit äußerster Ruhe und Gelassenheit und sehr viel Zeit vorgenommen werden. Die Wahl des Reiters kann entscheidend für den Erfolg sein. Er sollte erfahren und geschickt, weder ängstlich noch zu schwer sein und gut ausbalanciert zu Pferde sitzen. Ansonsten können Situationen entstehen, die für den Reiter unfallträchtig sind und gleichzeitig das Vertrauen des Pferdes stark beeinträchtigen. Die gemachten Erfahrungen sind entscheidend für den Weitergang der Ausbildung.

Das erste Aufsitzen geschieht an der Longe auf einem umzäunten Platz oder besser noch in einer Reithalle. Das Pferd sollte zunächst von einem Gehilfen gehalten werden, während ein zweiter Helfer den Reiter vorsichtig hinaufhebt. Bei ängstlichen Pferden kann es sinnvoll sein, sich zuerst nur über den Sattel zu legen. Es ist einige Geschicklichkeit erforderlich, um geschmeidig in den Sattel zu gleiten, ohne unnötige Berührung des Pferdes auf der Kruppe. Die Bügel sollten etwas kürzer geschnallt werden, sodass der Reiter den Pferderücken entlasten kann.

Vorsichtiges Anführen durch eine erfahrene Person und häufiges Loben sind nach dem ersten Aufsitzen besonders wichtig.

Loben mit Futter, Stimme und Klopfen durch eine vertraute Person lenkt das Pferd ab. Um bei etwaigen Sprüngen des Pferdes festen Halt zu haben, kann der Reiter in einen Halsriemen oder die Mähne fassen; auf keinen Fall sollte er Halt am Zügel suchen.

Der Longenführer führt das Pferd vorsichtig an und versucht, mit seiner Stimme beruhigend einzuwirken. Tritt das Pferd an, folgt der Reiter geschmeidig, jedoch völlig passiv den Bewegungen. Wiederholtes Anhalten und Klopfen entspannt das Pferd. Schreitet das Pferd einigermaßen sicher mit dem Reitergewicht, lässt der Gehilfe die Longe allmählich länger, sodass sich das Pferd auf der gewohnten Zirkellinie bewegen kann.

Zeitlich dürfen die ersten Übungen nicht zu lange ausgedehnt werden. Das Pferd soll lernen, zunächst im Schritt, dann auch im Trab, ruhig auf die Belastung durch den Reiter zu reagieren. Am Schluss der Übungen kann das Absitzen und erneute Heraufheben – je nach Verlauf auch schon das Aufsteigen mit dem Bügel – noch einige Male wiederholt werden.

Ganz besonderer Wert ist beim Anlongieren und Anreiten auf den richtigen Sitz der gesamten Ausrüstung zu legen. Da das junge Pferd häufig noch veschwommene Konturen hat, die sich erst im Laufe der weiteren Arbeit ausprägen, muss in kürzeren Zeitabständen nachgesattelt werden. Dazu genügt es meist nicht, nur den Sattelgurt enger zu schnallen, sondern man muss den Sattel wieder in die richtige Lage bringen. Damit wird auch gleichzeitig dem Rücken des Pferdes eine kleine Entspannung geboten.

Die weiteren Übungen unter dem Reiter können erleichtert werden, wenn die Möglichkeit besteht, das junge Pferd in Gesellschaft zu reiten. Der gezielte Einsatz eines oder mehrerer Führpferde hat sich hier bestens bewährt. Ist ein Führpferd vorhanden, wird es seitlich vor dem jungen Pferd eingesetzt, hat man zwei Pferde zur Verfügung, wird eins direkt vor und eins direkt neben dem jungen Pferd gehen. Von großer Wichtigkeit ist dazu

Merke:

Es bleibt stets eine der wichtigsten Grundsätze der Ausbildung, in jedem Pferd die Neigung zum frischen Vorwärtsgehen zu erhalten oder zu wecken.

das Vorhandensein einer Bande. So wird das junge Pferd nicht wegdrängen und sich in Gesellschaft gern und schnell in Gangart, Tempo und Weg seinen „Herdengenossen" anpassen. Zuerst lernt das Pferd, unter dem Reiter im Schritt und Trab in einem natürlichen Tempo frei vorwärts zu gehen.
Der Reiter sollte ohne Sporen, wohl aber mit einer elastischen, nicht wippenden, kurzen Gerte reiten. Das Verständnis für die vortreibenden Hilfen des Schenkels muss im Pferd erst durch Mithilfe von Gerte und Stimme geweckt werden. Der Reiter muss für ein frisches Tempo sorgen und darf auf keinen Fall zu sehr rückwärts einwirken.
Die Zügel werden so lang gefasst, dass das Pferd keine störende Wirkung des Mundstückes auf die Laden empfindet.

Je mehr in dieser Ausbildungsperiode an Vorwärtsreiten gedacht und je weniger mit den Händen formend eingewirkt wird, umso sicherer werden die richtigen Grundlagen geschaffen.
Vorwärtsreiten darf allerdings weder zu einer Überforderung, was das Tempo anbelangt, noch zu einem „Wegeilen" des Pferdes führen. Es muss das dem jeweiligen Pferd angemessene Tempo gewählt werden.
Der Reiter muss für ein frisches Tempo sorgen und darf auf keinen Fall zu sehr rückwärts einwirken. Bietet das Pferd den Galopp an, so soll man ihn annehmen. Dabei sitzt der Reiter entlastend, damit das Pferd die Galoppsprünge zwanglos ausführen kann. Längeres Galoppieren sollte die ersten Male unterbleiben, da das Gleichgewicht noch nicht genügend gefestigt ist.
Erholungspausen während der Arbeit können zur Festigung des Gehorsams und Vertrauens genutzt werden. Ohne Rücksicht auf die Haltung des Pferdes und die Richtung, in der es steht, kann z.B. das Halten geübt werden. Auch das Ab- und Aufsitzen zum Nachsatteln, wobei das Pferd abolut ruhig stehen muss, sind gute Übungen.

Zusammenfassend kann zum Anreiten des Pferdes festgestellt werden:

- Junge Pferde sollen nur von entsprechend leichten und erfahrenen Reitern geritten werden. Das gilt ganz besonders zu Anfang der Ausbildung, bis sich die Rückenmuskulatur gekräftigt hat.
- Durch weiches Aufsitzen, geschmeidiges Einsitzen in die Bewegungen des Pferdes und einen entlastenden Sitz mit kürzeren Bügeln ist jeder Stoß in den Pferderücken, der eine Verkrampfung zur Folge hat, möglichst zu vermeiden.
- Um die dem Pferd angeborenen taktmäßigen, raumgreifenden, federnden Bewegungen, die nur bei entspannter Rückenmuskulatur möglich sind, auch unter dem Reiter zu erreichen, ist der jeweils mit dem Aufsitzen eintretenden Spannung durch beruhigende, lösende Übungen entgegenzuwirken.

Nachdem das junge Pferd einige Male an der Longe geritten wurde, kann mit dem freien Reiten begonnen werden. Besonders wichtig ist, dass das Pferd zunächst genügend vorwärts geritten wird und der Reiter nur eine leichte Verbindung zum Pferdemaul hat.

- Hat sich die Muskulatur entspannt, so wird sich das Pferd zunächst im Schritt mit hingegebenen Zügeln mit lang nach vorwärts abwärts gedehntem Hals, schwingendem Rücken, pendelndem Schweif und gleichmäßigen, raumgreifenden Schritten bei gut untertretenden Hinterfüßen bewegen können. Dieses Stadium muss erreicht sein, ehe durch die treibenden Hilfen in Verbindung mit leichter Anlehnung im Trab, Galopp und zuletzt im Schritt an der Haltung des Pferdes gearbeitet werden kann.

Freispringen

Neben der Gewöhnung an die neue Umgebung und den Menschen kann sowohl mit dem Anreiten als auch mit dem Freispringen begonnen werden. Einerseits stellt dies eine Abwechslung für das Pferd dar, fördert die allgemeine Geschicklichkeit und Geschmeidigkeit und erleichtert die spätere Springausbildung.

Das Freispringen des jungen Pferdes wird ca. einmal pro Woche durchgeführt. Dazu müssen bestimmte Vorbereitungen getroffen werden, um risikoreiche Situationen oder einen Vertrauensverlust des Pferdes auszuschließen:

- Zum Freispringen werden die Vorderbeine, evtl. auch die Hinterbeine des Pferdes mit Bandagen, Gamaschen oder Streichkappen versehen. Ein Anlegen von Gummiglocken kann je nach Bewegungsablauf des Pferdes zusätzlich erfolgen.
- Das Pferd sollte mit dem Trensenzaum, bei dem die Zügel ausgeschnallt sind, frei gesprungen werden.
- In der Reithalle müssen die Bandentüren hoch genug und verschlossen sein. Reitbahnspiegel müssen durch Verhängen abgedeckt werden.
- Mit Hilfe von Fängen wird an einer langen Seite der Reithalle eine Springgasse angelegt.
- Die Hindernisse werden einladend aufgebaut.
- Die Abstände zwischen den Hindernissen müssen passen.

Ein Ausbilder und mindestens zwei Helfer sind erforderlich. Besonders entscheidend für das Pferd ist die positive Erfahrung des Freispringens und somit das richtige Verhalten des Ausbilders und seiner Helfer. Es ist unerlässlich, dass beim Freispringen Ruhe herrscht. Lautes Rufen, unnötiges Peitschenknallen und wildes Umherjagen der Pferde zeigt von mangelndem Verständnis des verantwortlichen Ausbilders. Die Pferde sollen nicht aus Angst springen, sondern selber die Freude daran entdecken.

Nachdem das Pferd zunächst einige Zeit im Schritt geführt wurde, wird es in der Halle frei laufen gelassen, um sich zu lösen und an die Fänge zu gewöhnen. Ein Durchlaufenlassen der eigentlichen Springgasse ohne Hindernis fördert das Vertrauen.

Beim ersten Freispringen wird man als einziges Hindernis eine etwa 20 bis 30 cm über dem Boden

Merke:

Die Unsitte, talentierte und springfreudige Pferde bei den ersten Versuchen hohe Hindernisse überwinden zu lassen, ist keinesfalls der Sinn des Freispringens und kann das Vertrauen des Pferdes erheblich stören.

befindliche Stange mit vorgelegter Absprungserleichterung verwenden. Ein Kreuzsprung gewöhnt die Pferde von Anfang an, über die Mitte des Hindernisses zu springen.

Ein Helfer führt nun das Pferd mit einem Führstrick im Schritt an das Hindernis heran, sodass es sich die bevorstehende Aufgabe beschauen kann. Danach wird das Pferd im Trab bis kurz vor das Hindernis geführt und dann behutsam losgelassen, während der Ausbilder evtl. mit Stimme und einer Peitschenhilfe das Pferd zum Sprung animiert. Ein zweiter Helfer steht an der kurzen Seite, lobt das Pferd und gibt ihm etwas Hafer. Nach einigen Sprüngen hat das Pferd die neue Aufgabe begriffen.

Bei jungen Pferden empfiehlt sich das Anführen grundsätzlich, um zu verhindern, dass sie in zu hohem Tempo in die Springgasse kommen. Bei einer kleineren Hallengröße kann das Anführen nach der Gewöhnung ggf. entfallen.

Beim ersten Freispringen genügt es, wenn das Pferd dieses Hindernis fünf- bis sechsmal überwunden hat. Eine Steigerung sollte nur allmählich erfolgen und darf keinesfalls in eine Überforderung ausarten.

Hat das Pferd gelernt, ein einzelnes niedriges Hindernis vertrauensvoll und rhythmisch zu überwinden, können die Anforderungen in den folgenden Übungsstunden allmählich gesteigert werden. So kann z.B. eine Absprungstange im Abstand von etwa 3,50 m auf den Boden gelegt werden, die es dem Pferd erleichtert, den richtigen Absprung zu finden. Das Hindernis kann zu einem „In-and-Out" erweitert werden oder auch zu einer Kombination mit ein oder zwei Galoppsprüngen. Gelingt dies sicher, so kann hinter das „In-and-Out" bzw. die Kombination im Abstand von ca. sieben Meter eine Triplebarre oder ein Oxer gebaut werden.

In der Ausbildung muss die Höhe der Hindernisse dem Springtalent und der Springfreude des Pferdes entgegenkommen. Die Art der Hindernisse und die Distanzen richten sich nach dem Ausbildungszweck. Etwas weitere Zwischenräume und Hoch-Weit-Sprünge (z.B. Triplebarren) veranlassen die Pferde dazu, sich fliegen zu lassen und sich zu strecken. Engere Distanzen und Steilsprünge hingegen bewirken das Aufnehmen und Verkürzen des Galoppsprunges.

Die einzelnen Phasen des Pferdes im Sprung

4.5 Dressurausbildung (Grundschulung)

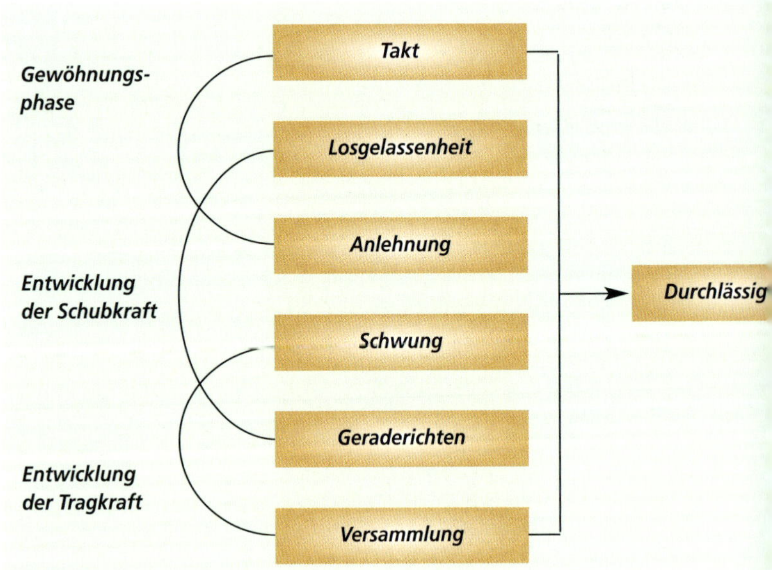

Die Ausbildungsskala

Wird von „Ausbildung des Pferdes" gesprochen, darf darunter keinesfalls ein Abrichten verstanden werden. Vielmehr ist die Ausbildung eine systematische Gymnastizierung, bei der es darum geht, das Pferd sowohl in körperlicher als auch in psychischer Hinsicht zur vollen Entfaltung seiner natürlichen Möglichkeiten zu bringen und es zu einem gehorsamen, angenehmen und vielseitig ausgebildeten Reitpferd zu machen.

Merke:

Die Kriterien der Ausbildungsskala müssen von jedem Pferd, unabhängig von seinem Verwendungszweck, erfüllt werden, um gehorsam, zwanglos und harmonisch auf die Hilfen des Reiters zu reagieren.

Die Skala der Ausbildung ist eine Zusammenstellung der Grundeigenschaften des gerittenen Pferdes und stellt die einzelnen Phasen dar, die zum Erreichen dieser Ziele notwendig sind.

Der Ausbildungsweg vollzieht sich in drei Phasen, die wiederum in sechs kleinere Unterabschnitte unterteilt werden können.

Keiner der sechs Punkte der Ausbildungsskala steht für sich alleine. Sie sind vielmehr im Wechselspiel voneinander abhängig. Die einzelnen Grundeigenschaften müssen systematisch, aber nicht schematisch erarbeitet werden.

Merke:

Das Erreichen der einzelnen Ausbildungsziele ist von einer vielseitigen Gymnastizierung und dem Eingehen auf die Psyche des Pferdes abhängig.

Die aus der Übersicht erkennbare Überlappung der drei Phasen stellt einen deutlichen Hinweis auf diese Tatsache dar.

Für jedes Reitpferd ist die Beherrschung dieser Kriterien von Vorteil. Dressurpferde und Pferde, die in erster Linie im Spring- und im Geländereiten eingesetzt werden, ja sogar Freizeitpferde, sollten die systematische Grundausbildung erfahren haben, um jederzeit durchlässig den Hilfen des Reiters zu folgen. Dadurch wird das harmonische Reiten gewährleistet und gleichzeitig die Gesunderhaltung des Pferdes gefördert.

Die Ausbildungsskala gilt sowohl:

- für die systematische Grundausbildung des jungen Pferdes

als auch

- für den systematischen Aufbau einer jeden Trainingseinheit von ausgebildeten Pferden.

Während der gesamten Ausbildung ist größter Wert auf Abwechslung zu legen. Auch im Gelände und beim Reiten über Sprünge können und müssen diese Grundeigenschaften geformt und gefestigt werden.

Die im Laufe der richtigen Ausbildung erzielte Durchlässigkeit erleichtert dem Pferd

Merke:

Ziel der gesamte Ausbildung ist d Durchlässigkeit. Sie wird umso höher, je weiter die anderen Aus bildungsziele erreicht worden sind.

Das taktmäßige und losgelassene Gehen des jungen Pferdes ist das vorrangige Ziel der Ausbildung einer Remonte.

den Gehorsam, macht es geschickter und für den Reiter angenehm. Dies gilt für alle Pferde, nicht nur im Turniersport, sondern bei jedem Einsatz unter dem Reiter.

Merke:

Der Takt muss nicht nur auf geraden Linien, sondern auch in allen Übergängen und Wendungen erhalten bleiben. Keine Übung oder Lektion kann gut sein, wenn sie mit Taktfehlern verbunden ist, und kein Ausbildungsschritt kann richtig sein, wenn er zu Taktfehlern führt.

Takt

Takt ist das räumliche und zeitliche Gleichmaß in den drei Grundgangarten, also in Schritten, Tritten und Sprüngen. So muss z.B. im Arbeitstrab ein Trabtritt so viel Raumgriff zeigen wie der andere, und der Rhythmus des Bewegungsablaufs gleichmäßig bleiben.

Um jeweils den Takt beurteilen zu können, ist es notwendig, genaue Kenntnisse über die drei Grundgangarten zu haben (siehe Kapitel 4.3).

Losgelassenheit

Losgelassenheit ist die Voraussetzung für jede weitere Ausbildung und muss, neben dem Takt, wesentliches Ziel der Gewöhnungsphase sein. Die taktmäßigen Bewegungen sind nur dann richtig, wenn sie über den schwingenden Rücken gehen und sich die Muskeln des Pferdes zwanglos und unverkrampft an- und abspannen.

Nur ein Pferd, welches psychisch und physisch entspannt ist (auch als Zwanglosigkeit bezeichnet), kann losgelassen gehen und zu seiner vollen Leistungsbereitschaft und Leistungsfähigkeit kommen. Die Gelenke des losgelassenen Pferdes sollen sich gleichmäßig beugen und strecken, und das Pferd soll deutlich aus seinem ganzen Interieur heraus „mitarbeiten".

Merke:

Die Losgelassenheit ist erreicht, wenn das Pferd bereit ist, in allen drei Gangarten seinen Hals nach vorwärts abwärts zu dehnen. Das losgelassene Pferd geht mit schwingendem Rücken und natürlichen, taktmäßigen Bewegungen, ohne zu eilen vorwärts. Der Reiter kommt zum Treiben und kann geschmeidig sitzen.

Merkmale der inneren und äußeren Losgelassenheit sind:

- der zufriedene Gesichtsausdruck (Auge, Ohrenspiel),
- der gleichmäßig schwingende Rücken,
- das geschlossene, tätige (kauende) Maul,
- der getragene, mit der Bewegung pendelnde Schweif,
- das „Abschnauben" als Anzeichen dafür, dass sich das Pferd auch innerlich entspannt hat.

Anlehnung

Anlehnung ist die stete, weich-federnde Verbindung zwischen Reiterhand und Pferdemaul. Das Pferd soll durch das taktmäßige, losgelassene Vorwärtsgehen, wofür der Reiter mit seinen treibenden Hilfen verantwortlich ist, die Anlehnung an das Gebiss suchen und somit an die Hand des Reiters herantreten.

Man sagt auch: „Die Anlehnung wird vom Pferd gesucht und vom Reiter gestattet."
Die jeweils richtige Anlehnung erleichtert dem Pferd, sein natürliches Gleichgewicht unter dem Reiter wiederzufinden und sich im Takt der verschiedenen Gangarten auszubalancieren. Das Genick ist immer der höchste Punkt des Pferdes, außer wenn vorwärts abwärts in Dehnungshaltung geritten wird.

Die weiterentwickelte Form der Anlehnung wird auch als Beizäumung bezeichnet. Diese Biegung im Genick (das Pferd „steht am Zügel") ist als solche kein wesentliches Ziel der gymnastischen Ausbildung, wohl aber Folge- und Begleiterscheinung sachgemäßer Dressurarbeit. Daher dürfen weder junge Pferde in der Grundausbildung noch ältere, fortgeschrittenere Pferde in der Lösungsphase zu früh an den „Zügel gestellt werden". Dieses Vorgehen, insbesondere vornehmlich durch Handeinwirkung erreicht, wird sich immer äußerst nachteilig auf die Losgelassenheit und Aktivität der Hinterbeine und somit auf das gesamte Ziel der Ausbildung, nämlich die Durchlässigkeit und Leistungsbereitschaft, auswirken.

Merke:

Die Anlehnung darf niemals durch Rückwärtsrichten mit den Zügeln gewonnen werden; sie muss das Ergebnis der richtig entwickelten Schubkraft sein. Das Pferd muss infolge der treibenden Einwirkung vertrauensvoll an die Hand herantreten.

In der weiterführenden Grundausbildung muss das Pferd lernen, an das Gebiss heranzutreten. Nur so kann eine korrekte Anlehnung entstehen.

Wenn das Pferd schwungvoll trabt und galoppiert, fühlt der Reiter einen deutlichen Impuls aus der Hinterhand nach vorne.

Schwung

Schwung ist die Übertragung des energischen Impulses aus der Hinterhand auf die Gesamt-Vorwärtsbewegung des Pferdes. Ein Pferd geht schwungvoll, wenn es energisch abfußt und in der Schwebephase mit seinen Gliedmaßen gut nach vorne durchschwingt.

Ein Pferd muss losgelassen mit federnd schwingendem Rücken und einer weichen, korrekten Anlehnung gehen, um schwungvoll traben und galoppieren zu können. Schwung kennzeichnet nur den Trab und Galopp. Der Schritt weist keine Phase der freien Schwebe auf und kann daher auch nicht schwungvoll sein.

Merke:

Schwung ist das Ergebnis reiterlicher Ausbildungsarbeit, die zwar den natürlichen Gang des Pferdes nutzt, ihm aber die Eigenschaften Losgelassenheit, Schub aus der Hinterhand und Durchlässigkeit hinzufügt.

Guter Schwung ist gegeben, wenn sich die Sprunggelenke sofort nach dem Abfußen energisch vorwärts aufwärts bewegen und nicht erst nach oben oder gar nach hinten hochgezogen werden. Die Rückenmuskulatur nimmt die Bewegung auf und lässt den Reiter, der in diese Bewegung mitgenommen wird, angenehm sitzen. Der Reiter fühlt dabei einen deutlichen Impuls aus der Hinterhand nach vorne. Man sagt auch: „Das Pferd nimmt den Reiter mit".

Wird das Pferd übereilt geritten, verkürzt sich die Schwebephase durch das schnellere Wiederauffußen der Pferdebeine. Bei einem zu eiligen Tempo kann zwar die Taktmäßigkeit gegeben sein, die Schwungentfaltung wird aber beeinträchtigt.

Geraderichten

Ein Pferd ist gerade gerichtet, wenn Hinterhand und Vorhand aufeinander eingespurt sind, d.h. wenn es auf gerader und gebogener Linie mit seiner Längsachse der Hufschlaglinie angepasst ist. Man sagt auch, das Pferd geht „Hufschlag deckend".

Geraderichtung ist für die gleichmäßige Verteilung der Belastung auf beide Körperhälften erforderlich und wird durch konsequente gleichmäßige Gymnastizierung beider Körperseiten erzielt.

Die meisten Pferde haben eine angeborene schiefe Körperhaltung, „die natürliche Schiefe." Sie ist, ähnlich wie die Links- und Rechtshändigkeit der Menschen, cerebral (d.h. vom Gehirn) bedingt, also angeboren. Sie wird noch dadurch begünstigt, dass die Vorhand schmaler ist als die Hinterhand.

Nach der Gewöhnungsphase sind Schwung und Geraderichten wesentliche Ausbildungsziele.

Merke:
Bei einem gerade gerichteten Pferd wirkt die Schubkraft der Hinterhand voll in Richtung seines Schwerpunktes. Umgekehrt können auch nur dann verhaltende Hilfen des Reiters über Maul, Genick, Hals und Rücken bis zur Hinterhand richtig durchkommen und gleichmäßig auf beide Hinterbeine wirken.

In den meisten Fällen tritt das Pferd daher mit dem rechten Hinterfuß seitlich rechts neben die Spur des rechten Vorderfußes. Das hat zur Folge, dass der rechte Hinterfuß eine größere Schubkraft entwickeln muss, während auf dem linken Hinterfuß eine höhere Anforderung in Bezug auf die Beugefähigkeit der Gelenke gestellt wird. Zusätzlich besteht die Gefahr des vorzeitigen Verschleißes auf dem linken Vorderbein.
Setzt eine größere Belastung ein, die eine stärkere Beugung der Hinterbeine erfordert, so kann wohl der linke Hinterfuß dieser Forderung nachkommen. Der rechte Hinterfuß jedoch sucht sich dieser vermehrten Beugung durch ein seitliches Ausweichen von der Spur des gleichseitigen Vorderfußes zu entziehen. Nur ein ausbalancierter und gerade sitzender Reiter kann das junge Pferd dahingehend unterstützen.

Ein Pferd muss gerade gerichtet sein, um:
- eine gleichmäßige Belastung zu erreichen bzw. einem vorzeitigen einseitigen Verschleiß der Gliedmaßen vorzubeugen,
- die Schubkraft zu optimieren,
- das Pferd sicherer an den Hilfen zu haben und durchlässig zu machen,
- es gleichmäßig an beide Zügel herantreten zu lassen,
- die Versammlung zu erreichen.

Nur ein gerade gerichtetes Pferd kann auf beiden Händen gleichmäßig durchlässig sein.

Das Geraderichten eines Pferdes ist eine immer wiederkehrende Aufgabe und niemals abgeschlossen, da jedes Pferd eine mehr oder weniger stark ausgeprägte natürliche Schiefe hat.
Vorbedingung für die Versammlung ist die Geraderichtung, wodurch erst eine gleichmäßige Lastaufnahme beider Hinterbeine gewährleistet wird.

Versammlung

Das Ziel der gesamten gymnastischen Ausbildungsarbeit ist es, ein leistungsbereites und gebrauchsfähiges Pferd zu erhalten. Dafür ist entscheidend, dass die Last des Pferdes einschließlich des Reitergewichts möglichst gleichmäßig auf alle vier Beine verteilt wird. Die Vorderbeine, die von Natur aus den größeren Teil des Gewichts tragen, sind zu entlasten, und die Hinterbeine, die von Natur aus in erster Linie für die Vorwärtsbewegung

Beginnende Versammlung – die Hinterbeine fußen weiter in Richtung unter den Schwerpunkt.

sorgen, sind im gleichen Maße vermehrt zu belasten.
In der Versammlung übernehmen die Hinterbeine bei stärker gebeugten Hanken (Hüft- und Kniegelenke) vermehrt die Last und treten weiter in Richtung unter den Schwerpunkt. Die Vorderbeine werden dadurch entlastet und deren Bewegungen freier. Reiter und Betrachter haben das Gefühl, dass das versammelte Pferd „bergauf" geht. Die Schritt-, Tritt- und Sprunglänge wird kürzer, ohne Einschränkung an Fleiß und Aktivität. Im Trab und Galopp bleibt der Schwung in vollem Umfang erhalten, was in einem erhabeneren Bewegungsablauf zum Ausdruck kommt.

Es ist durchaus möglich, die Tragkraft der Hinterhand zu verstärken, also die entsprechenden Muskelpartien zu trainieren und aufzubauen. Die stützenden Vorderbeine durch Training zu stärken ist nur ganz bedingt möglich. Deshalb ist es sinnvoll und notwendig, durch systematische Ausbildung korrigierend einzugreifen.

Durch die stärkere Beugung der Hanken entsteht eine höhere Aufrichtung des Halses. Bei ausreichend entwickelter Tragkraft ist das Pferd also in der Lage, sich ausbalanciert in allen drei Gangarten in Selbsthaltung zu bewegen. Da das versammelte Pferd sich mit seinen vier Beinen auf einer kleinen Grundfläche bewegt, ist es für die Hilfen des Reiters noch empfänglicher und somit durchlässiger.

Merke:

Das Pferd trägt aufgrund seines Körperbaues den größten Teil seines Gewichts auf der Vorhand. Da diese Gewichtsverteilung durch den dicht hinter der Schulter sitzenden Reiter noch ungünstiger gestaltet wird, dient es auch der Gesunderhaltung und Trittsicherheit des Pferdes, wenn die Hinterhand veranlasst wird, vermehrt Last zu übernehmen. Ein gewisses Maß an Versammlung ist also für jedes Pferd von Vorteil.

Christoph Hess, Leiter der Abteilung Ausbildung der FN

„Ein guter Reiter ist derjenige, der in der Lage ist, junge Pferde auszubilden bzw. schwierige oder verdorbene nachhaltig zu verbessern. Um dies zu beherrschen, muss der Reiter selbst eine umfassende praktische und theoretische Ausbildung hinter sich gebracht und möglichst viele verschiedene Pferde geritten haben. Auf diese Weise ist der Reiter in der Lage, sein Gefühl und die sich daraus ergebende Einwirkung zu entwickeln. Beides sind Voraussetzungen, um Pferde auszubilden, sie in Balance, Losgelassenheit und damit in innere Zufriedenheit zu bringen. Nur der versierte Reiter kann dem Pferd wirkliches Vertrauen vermitteln, das die Voraussetzung für Gehorsam und Leistungsbereitschaft darstellt – unabhängig von der sportlichen Ebene."

Merke:
Durchlässigkeit ist dann gegeben, wenn das Pferd auf beiden Händen gleichmäßig losgelassen und gehorsam, auf vorwärts treibende, verhaltende und seitwärts wirkende Hilfen reagiert. Sie ist die entscheidende Eigenschaft des richtig gerittenen Pferdes.

Durchlässigkeit

Unter Durchlässigkeit wird die Bereitschaft des Pferdes verstanden, die Hilfen des Reiters gehorsam und zwanglos anzunehmen. Es soll auf die treibenden Hilfen ohne Zögern reagieren, also mit den Hinterbeinen aktiv durchschwingen und Schub entwickeln. Gleichzeitig sollen die Zügelhilfen vom Maul über Genick, Hals und Rücken bis in die Hinterhand weitergeleitet, also hindurchgelassen werden, ohne an einer Stelle des Körpers durch Spannungen blockiert zu werden.

Ein durchlässiges Pferd, bei dem die Bewegungen durch den Körper gehen, lässt sich jeder Zeit versammeln.

Gewöhnungsphase

Die Punkte der Gewöhnungsphase sind, sowohl in den ersten Wochen der Ausbildung des jungen Pferdes als auch in der Lösungsphase jeder Trainingseinheit vorrangige Ziele.

Merke:
Oberstes Kriterium jeder gelungenen Übung oder Lektion sind die Taktmäßigkeit (Taktreinheit) und die Losgelassenheit (Zwanglosigkeit).

Die Festigung des Taktes durch Einhalten eines bestimmten, dem jeweiligen Pferd angepassten Grundtempos ist das erste Ziel. Gleichmäßiges Treiben und eine tief gestellte, ruhige und elastisch führende Hand sind hierzu Vorbedingungen. Missverstandenes „Vorwärtsreiten" führt zu übereilter Fußfolge und zu Taktstörungen. Nicht das schnelle Tempo bedeutet „vorwärts", sondern die Anregung der Hinterbeine zum fleißigen, kraftvollen Abschieben der Last nach vorne. Das Gleichmaß der Bewegungen in allen drei Grundgangarten hat Vorrang vor allem anderen.

Als Taktfehler werden in erster Linie Unregelmäßigkeiten in der Fußfolge bezeichnet, wie z.B. das passartige Gehen im Schritt oder der Vierschlag im Galopp. Im Trab sind kurze, unregelmäßige und verspannte Tritte oder die so genannten Schwebetritte die häufigsten Fehler.
Meistens wurde bei Pferden, die Taktfehler oder Taktstörungen zeigen, mit zu viel Handeinwirkung und zu wenig treibenden Hilfen geritten.
Lösende Übungen mit häufigen Übergängen, einschließlich „Zügel-aus-der-Hand-kauen-lassen", können Abhilfe schaffen ebenso wie fachgerechtes Longieren, Bodenrickarbeit, evtl. Springgymnastik oder auch das Reiten im Gelände.

Die Losgelassenheit ist ein zentrales Ausbildungsziel, das niemals vernachlässigt werden darf und immer wieder von neuem überprüft und sichergestellt werden muss.
Um die Losgelassenheit unter dem Reiter zu erlangen, muss zunächst gewährleistet sein, dass das Pferd zufrieden und innerlich entspannt ist. Durch regelmäßigen, einfühlsamen Umgang und ausreichende Bewegung kann dies erreicht werden. Mit dieser inneren Losgelassenheit wird auch die äußere Losgelassenheit relativ schnell erreicht.

In der Gewöhnungsphase muss das Pferd lernen, den Reiter taktmäßig und losgelassen zu tragen.

Lösende Übungen dienen sowohl dem Aufwärmen von Muskeln, Sehnen und Gelenken als auch der Verbesserung der Rückentätigkeit. Gleichzeitig wird das Durchschwingen und Herantreten der Hinterbeine aktiviert; das Pferd dehnt sich an die Reiterhand heran und findet vertrauensvoll die Anlehnung.
Bei Problemen in der weiterführenden Ausbildung muss auf lösende Grundübungen zurückgegangen werden. Die meisten Ausbildungsfehler haben ohnehin mehrere Ursachen und müssen in ihrer Gesamtheit behoben werden. Fast immer aber fehlt es an Losgelassenheit, und dem Reiter sind in seiner Einwirkung Fehler unterlaufen. Dies äußert sich auf vielfältige Weise, z.B. fester Rücken, wenig Aktivität der Hinterbeine, mangelnde Maultätigkeit, Zungenfehler, Taktfehler, Schiefgehen.

In der Gewöhnungsphase bzw. in der Lösungsphase wird das Pferd zunächst mit leichter Anlehnung geritten, ohne aber eine Beizäumung mit der Hand erzwingen zu wollen. Sowohl das junge Pferd als auch das ausgebildete Pferd finden mit einer leichten Anlehnung am besten zu ihrem Gleichgewicht und zum taktmäßigen und losgelassenen Gehen unter dem Reiter.

Hubertus Schmidt, internationaler erfolgreicher Dressurreiter

„Takt, Losgelassenheit und Anlehnung sind das Fundament für die darauf aufbauende weitere Ausbildung des Pferdes. Hier dürfen keine Kompromisse gemacht werden, will man die positive Entwicklung des jungen Pferdes nicht gefährden. Aber auch bei weiter ausgebildeten Pferden sind täglich aufs Neue diese ersten Punkte der Ausbildungsskala sicherzustellen und zu überprüfen. Dies gilt ganz besonders für die Losgelasenheit, die auch in der Arbeit der schwersten Lektionen niemals verloren gehen darf. Nur ein losgelassenes Pferd mit sicherer Anlehnung hat die natürliche Ausstrahlung und Eleganz, die wir uns von einem harmonischen Pferd- und Reiterpaar wünschen. Dies gilt natürlich nicht nur für die Dressur, sondern für alle Sparten des Reitsports."

Durch die treibenden Hilfen und dank einer gefühlvollen Hand des Reiters wird das Pferd an das Gebiss herantreten und die Anlehnung suchen.
Der Punkt, an dem das Pferd die Anlehnung findet, wird zunächst verhältnismäßig tief liegen. Das Pferdemaul ist dabei etwa in Höhe der Buggelenke. In dieser Haltung wird die gewünschte Dehnung und Entspannung von Hals- und Rückenmuskulatur am besten möglich.

Auch für das Reiten über Sprünge müssen bestimmte Grundlagen entwickelt werden. Als vorbereitende Übung dient u.a. die Cavalettiarbeit. Takt und Losgelassenheit werden dabei entwickelt und weiter gefördert.

Für das Reiten über Sprünge und das Geländereiten sind Takt und Losgelassenheit ebenfalls wesentliche Voraussetzungen. Nur ein taktmäßig galoppierendes Pferd ist im Gleichgewicht und kann in einem gleichmäßigen Tempo passend zum Sprung gebracht werden. Das Vorhandensein der Losgelassenheit führt zur Leistungsbereitschaft und Leistungsfähigkeit und ermöglicht dem Pferd erst, über den Rücken und mit Bascule zu springen.

Das losgelassene Springpferd wird sich bei einem eventuellen Reiterfehler oder in schwierigen Situationen auch einmal selber helfen können, ohne dabei die Dynamik des Bewegungsablaufes zu verlieren. Ein verspanntes Pferd würde unsicher werden, mit festgehaltenem Rücken springen oder sogar den Sprung verweigern.

Entwicklung der Schubkraft

Entwicklung der Schubkraft bedeutet, dass das Pferd in der Hinterhand zu vermehrter Aktivität angeregt wird und weiter in Richtung unter den Schwerpunkt fußt. Das ist die Voraussetzung, um später die Tragkraft des Pferdes zu entwickeln.

Anlehnung besteht, wenn das Pferd an das Gebiss herantritt, gleichgültig in welchem Rahmen. Erst wenn das Pferd durch erhöhte Schubkraft weiter mit den Hinterbeinen in Richtung unter den Schwerpunkt tritt, wird es fähig und bereit sein, den Hals vermehrt zu wölben und im Genick nachzugeben, sodass die Stirn-Nasenlinie sich der Senkrechten nähert.

Wer beizuzäumen versucht, ohne diese Zusammenhänge zu berücksichtigen, wird sein Pferd in der Aktivität des Rückens und der Hinterbeine blockieren. Insofern kann die Korrektheit der Anlehnung bzw. der Beizäumung niemals durch die Beobachtung allein von Kopf und Hals beurteilt werden. Nur wenn das ganze Pferd betrachtet wird, seine Haltung und besonders sein Bewegungsablauf, kann über die Richtigkeit entschieden werden.

Zum Erreichen der Anlehnung treten in der Ausbildung leider viele Fehler auf, deren häufigste nachstehend aufgeführt sind:

Hinter der Senkrechten

Geht ein Pferd durch starke Handeinwirkung des Reiters mit der Stirn-Nasenlinie hinter der Senkrechten, liegt entweder ein momentaner Fehler in der Hilfegebung oder ein deutlicher Fehler in der bisherigen Ausbildung vor.

Nur durch ein Vorgehen mit der Hand im Zusammenspiel mit vortreibenden Hilfen kann hier Abhilfe geschaffen werden.

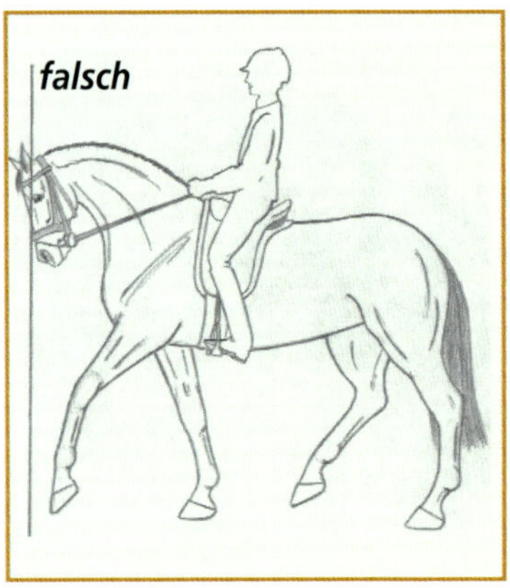

Hinter der Senkrechten

Hinter dem Zügel

Falscher Knick

Hinter dem Zügel

Auch bei diesem Fehler ist die Stirn-Nasenlinie des Pferdes hinter der Senkrechten, allerdings mit dem zusätzlichen Mangel, dass das Pferd die Zügelhilfen nicht annimmt, sondern diesen rückwärts ausweicht. Das Pferd tritt also nicht an die Hand heran. Oftmals ist dieser Fehler mit dem „falschen Knick" verbunden.

Bevor die eigentlichen Korrekturen einsetzen, muss zunächst einmal eine Verbindung zwischen Hand und Maul wiederhergestellt werden. Das Pferd muss Vertrauen zur Anlehnung bekommen.
In der Regel muss wieder mit dem Reiten am langen Zügel begonnen werden. Vielfach kann auch geschicktes Longieren helfen. Betontes Vorwärtsreiten, am besten im Gelände, hilft bei einigen Pferden ebenfalls, eine Dehnung nach vorwärts an die Hand heran wieder zu erreichen.
Um diese Fehler zu korrigieren, muss der Reiter entsprechendes Feingefühl für das Zusammenwirken der treibenden und verhaltenden Hilfen haben. Besonders wichtig ist hierbei die korrekte Handhaltung und die Einhaltung der geraden Linie von Unterarm, Handrücken und Zügel. Nur bei entsprechend weicher, elastischer und tiefer Hand, an die gefühlvoll herangetrieben werden muss, wird das so genannte „Vorschieben der Pferdenase" gelingen. Es darf auf keinen Fall versucht werden, das Pferd durch eine höhere Hand „heben" zu wollen.

Falscher Knick

Der Reiter hat versucht, die Anlehnung mit rückwärts wirkenden Händen zu erzwingen. Der höchste Punkt ist nicht mehr zwischen den Pferdeohren im Genick, sondern im ersten Teil des Halses, in der Regel zwischen dem 3. oder 4. Halswirbel zu finden. Dies ist ein schwerwiegender Fehler, der, wenn überhaupt, nur durch sehr langfristige und konsequente Gymnastizierung wieder abzustellen ist.
Um den „falschen Knick" zu beheben, müssen die elastischen Hände bei energischem Treiben einerseits in der Lage sein, Taktfehler oder übereiltes Vorwärtsgehen zu verhindern. Andererseits müssen sie so weit vorgehen, dass das Pferd zu einer gleichmäßig aufgewölbten Oberhalslinie kommen kann.
Bei diesen Pferden ist die Lektion „Zügel-aus-der-Hand-kauen-lassen" besonders hilfreich. Das Pferd muss wieder lernen, die obere Halslinie zu dehnen und an das Gebiss heranzutreten.

Auf dem Zügel

Das Pferd versucht sich, mangels Balance und Selbsthaltung auf dem so genannten „fünften Bein" abzustützen und ist nicht bereit, genügend von hinten heranzutreten. Der Reiter muss durch vermehrtes Treiben die Hinterhand des Pferdes aktivieren.

Angemessenes Annehmen und Nachgeben sowie häufiges Reiten von Übergängen mit gefühlvoller Hand können hier Abhilfe schaffen. Auf keinen Fall darf der Reiter dem Pferd dabei die Hand als Stütze anbieten, vielmehr muss es lernen, sich selbst zu tragen.

Gegen den Zügel

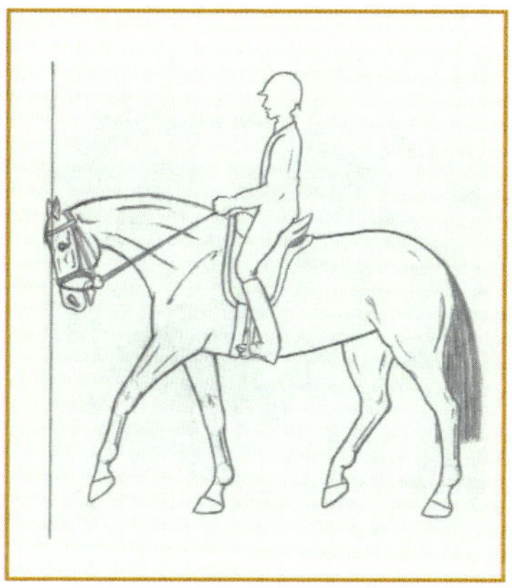

Auf dem Zügel

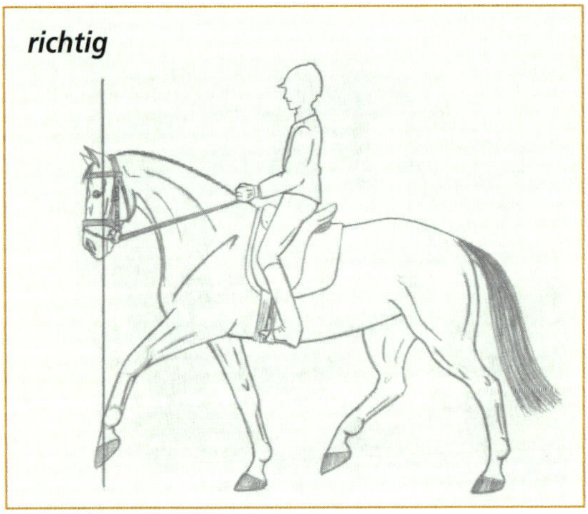

Pferd „steht am Zügel"

Gegen den Zügel bzw. über dem Zügel

Die Stirn-Nasenlinie befindet sich bei diesem Fehler deutlich vor der Senkrechten. Das Pferd gibt „im Genick" nicht nach und drückt mit der Unterhalsmuskulatur bei festgehaltenem und weggedrücktem Rücken gegen die Hand. Ursache dafür ist häufig eine feste, unelastische Hand, zu der das Pferd kein Vertrauen hat. Besteht dieser Fehler schon seit längerer Zeit und hat sich dementsprechend die falsche Muskulatur gebildet, kann besonders das Longieren vom kürzeren zum längeren Ausbindezügel eine gute Hilfe sein. Dank der so gewonnenen Dehnungshaltung kann sich die Muskulatur, ohne Störung durch das Reitergewicht, entsprechend langsam umformen.

Bei der Korrektur unter dem Reiter hat es sich bewährt, in der Lösungsphase besonders sorgfältig vorzugehen und das Reiten von lösenden Übungen auszudehnen. Es muss versucht werden, den Rücken des Pferdes zur Losgelassenheit und zum Mitschwingen anzuregen, um eine sichere Anlehnung herstellen zu können. Durch das Reiten in Dehungshaltung, also häufiges „Zügel-aus-der-Hand-kauen-lassen", wird sich die entsprechende Muskulatur richtig entwickeln. Die seitwärts weisende Zügelhilfe kann dem Pferd den „Weg in die Tiefe" erleichtern. Dabei ist das Reiten auf großen gebogenen Linien, verbunden mit häufigem Handwechsel, am besten.

Je nach Körperbau und Halsformation kann es in besonders schwierigen Fällen beim tieferen Einstellen und der dabei notwendigen Genickkontrolle vorübergehend dazu kommen, dass die Stirn-Nasenlinie nicht mehr an der Senkrechten ist, sondern geringfügig hinter die Senkrechte gerät. Dabei muss ganz besonders darauf geachtet werden, dass das Pferd mit den Hinterbeinen aktiv bleibt. Keinesfalls darf der Reiter das Pferd mit der Hand eng oder kurz im Hals machen, also „zusammenziehen". Solch ein zwanghaftes Vorgehen würde das Gleichgewicht des Pferdes erheblich

Entwicklung der Schubkraft – schwungvolles Tritteverlängern in sicherer Anlehnung.

Durch die richtige Entwicklung der Schubkraft kann der Reiter das Pferd jederzeit kontrolliert und im Gleichgewicht halten. Außerdem wird die Sprungkraft verbessert.

Anlehnung und Schwung sind nicht nur für die dressurmäßige Arbeit eine Grundvoraussetzung, sondern ermöglichen auch beim Springreiten und Geländereiten eine sichere und harmonische Kontrolle über das Pferd, über das Tempo und in den Wendungen. Durch den Schwung wird die Hinterhand zu vermehrter Aktivität angeregt, sodass das Pferd durch das energische Abfußen rationeller und raumgreifender galoppieren kann.

stören – der Hals ist die Balancierstange des Pferdes – die gewünschte Rückentätigkeit und somit die Losgelassenheit könnte nicht erreicht werden.

Zur **Entwicklung und Verbesserung des Schwungs** werden Übergänge zwischen und auch innerhalb der Gangarten geritten. Es kommt besonders darauf an, dass die Übergänge taktmäßig und fließend gelingen und dass die Rückführung vornehmlich durch die vortreibenden Hilfen an eine gefühlvolle Hand heran erfolgt. Nur so wird die Hinterhand heranschließen und nach vorne durchschwingen.

Schwung ist also nicht zu verwechseln mit Gang, der lediglich die angeborenen Möglichkeiten des Pferdes beschreibt, sich z.B. im Trab mit weiten, ausdrucksvollen Tritten vorwärts zu bewegen. Dieses Vorwärtsgehen kann durchaus mit Spannung, festgehaltenem Rücken und erhobenem Kopf geschehen.

Die Schwebephase wird bei einem schwungvoll gehenden Pferd ausgeprägter. Sie darf aber nicht zeitlich verzögert werden, da ansonsten die fehlerhaften, mit Spannung versehenen Schwebetritte entstehen.

Ein schwungvoll gehendes Pferd akzeptiert die treibenden Hilfen des Reiters in der richtigen Form, wird also nicht eiliger oder belastet auch die Vorhand nicht stärker, sondern lässt den energischen Impuls von hinten nach vorne über den schwingenden, losgelassenen Rücken durch. Die Entwicklung und Verbesserung des Schwunges ist von wesentlicher Bedeutung und gehört gleichermaßen in die Entwicklungsphase der Schubkraft wie in die Entwicklungsphase der Tragkraft. Für das Geraderichten und die Versammlung ist das Vorhandensein von Schwung eine Grundvoraussetzung.

Auch für das Springen und das Geländereiten ist die Entwicklung der Schubkraft von großer Bedeutung. Eine stetige und weich federnde Anlehnung ist notwendig, um das Pferd, insbesondere in Wendungen und in Distanzen, kontrolliert reiten zu können. Durch die treibende Einwirkung des Reiters müssen die Hinterbeine weiter in Richtung unter den Schwerpunkt springen, vorausgesetzt, das Pferd springt vertrauensvoll an die Hand heran. Erst dadurch kann eine raumgreifende Galoppade entstehen, die dem Pferd durch eine erhöhte Schubkraft auch eine bessere Sprungkraft verleiht.

Entwicklung der Tragkraft

Die Grundsätze für die Entwicklungsphase der Tragkraft verdeutlichen, dass eine gezielte Gymnastizierung des Pferdes im Hinblick auf Geraderichtung und Versammlung erst möglich ist, wenn die Entwicklungsphase der Schubkraft als einigermaßen abgeschlossen angesehen werden kann. Der Takt in den drei Grundgangarten muss gefestigt, Losgelassenheit und Anlehnung müssen sichergestellt sein. Die Entwicklung von Schwung und Geraderichtung sind wesentliche Voraussetzungen, um die Versammlungsbereitschaft und damit eine verbesserte Durchlässigkeit zu erreichen.

Diese Anforderungen werden in dem Zitat*

„Reite dein Pferd vorwärts und richte es gerade"

anschaulich zum Ausdruck gebracht. Der von der Hinterhand ausgehende Bewegungsimpuls ist das Hauptkriterium. Jede Hilfengebung, die von vorn nach hinten wirkt, ist fehlerhaft. Das gerade gerichtete, auf einem Hufschlag gehende Pferd soll sich stets mit der Längsachse seines Körpers der angewiesenen Hufschlaglinie anpassen, gleichviel, ob diese gerade oder gebogen ist.

Ansätze der gerade richtenden Arbeit beginnen schon mit dem Augenblick, in dem das junge Pferd den Hilfen des Reiters folgt. Ein geregeltes Geraderichten jedoch kann erst dann erfolgen, wenn Schubkraft und Schwung entwickelt sind, denn die gerade richtende Arbeit muss im fleißigen und aktiven Vorwärtsreiten geschehen.
Geht das Pferd von vorne links nach hinten rechts schief, so versucht das rechte Hinterbein sich der Beugung zu entziehen, indem es seitwärts tritt. Dadurch wird die linke Schulter vermehrt belastet, und das Pferd legt sich vermehrt auf den linken Zügel.

* *Gustav Steinbrecht, klassischer Meister des 19. Jh.*

Die linke Seite, bei der die Halsmuskeln festgehalten, übermäßig angespannt und nicht zwanglos fügsam sind, wird als „Zwangseite" bezeichnet. Die „schwierige Seite" ist aber die sich hohlmachende rechte Seite. Das Pferd weicht mit dem rechten Hinterfuß aus, geht gegen den rechten Schenkel und tritt nicht an den rechten Zügel heran. Durch die Gymnastizierung muss der rechte Hinterfuß zum geraden Vortreten unter die Last gebracht werden, was zur Folge hat, dass sich das Pferd vermehrt auch an den rechten Zügel herandehnt. Ist dieser Punkt erreicht, verschwindet die Festigkeit auf der Zwangseite von selbst und das Pferd bewegt sich besser im Gleichgewicht.
Übungen für die gerade richtende Arbeit sind das Reiten auf gebogenen Linien, Schenkelweichen und im weiteren Verlauf der Ausbildung das Reiten von Seitengängen, hier vorwiegend die Lektion „Schulter herein", also alle Übungen, die den Schenkelgehorsam verbessern. Der Außengalopp z.B. verbessert ebenfalls das Geradegerichtetsein.
Dabei muss beachtet werden, dass immer die Vorhand auf die Hinterhand eingerichtet wird. Bei Schiefe z.B. nach rechts verhindert der Reiter mit dem rechten Schenkel ein weiteres Seitwärtstreten des rechten Hinterfußes und gebraucht den linken Schenkel näher am Gurt, um den linken Hinterfuß zu vermehrtem Vortreten zu veranlassen. Die linke Schulter des Pferdes wird mit dem tief gehaltenen linken Zügel verwahrt und die Vorhand mit dem rechten Zügel so weit nach innen geführt, bis der rechte Vorderfuß vor den rechten Hinterfuß gerichtet ist. Nur unter einem ausbalancierten und gerade sitzenden Reiter kann diese Arbeit effektiv sein.

Die **Versammlung** wird nur durch den richtigen Aufbau der Ausbildung und geduldige, zielstrebige Arbeit erreicht.
Bei einem schwungvoll gehenden Pferd wird das Reiten von Übergängen auf geraden und gebogenen Linien die Geraderichtung und Versammlung verbessern. Die durch vermehrtes Treiben erzeugte Steigerung der Schubkraft wird nicht, wie beim

Zulegen, durch eine nachgebende Hand herausgelassen. Sie wird vielmehr mit durchhaltenden oder annehmenden Zügelhilfen abgefangen, über den durchlässigen Rücken in die Hinterhand zurückgegeben, wodurch eine erhöhte Tragkraft erreicht wird.

Der Reiter muss besonders darauf achten, dass das Aufnehmen mit den Zügelhilfen so gefühlvoll und geschickt gehandhabt wird, dass dabei die Hinterbeine nicht am Durchschwingen gehindert werden. Hierfür ist besonders die nachgebende Zügelhilfe entscheidend. Alle Übungen, die die Hinterbeine zum vermehrten Tragen anregen, sind versammelnde Lektionen. Hierzu zählen vor allem korrekt gerittene halbe und ganze Paraden.

Ob eine Lektion als „versammelnde" oder als „versammelte" bezeichnet wird, hängt von der Perfektion der Ausführung ab. In der Grundausbildung wird z.B. das Rückwärtsrichten zunächst versammelnd geritten. Dabei kann das Pferd etwas tiefer eingestellt sein, um vermehrt über den Rücken treten zu können.

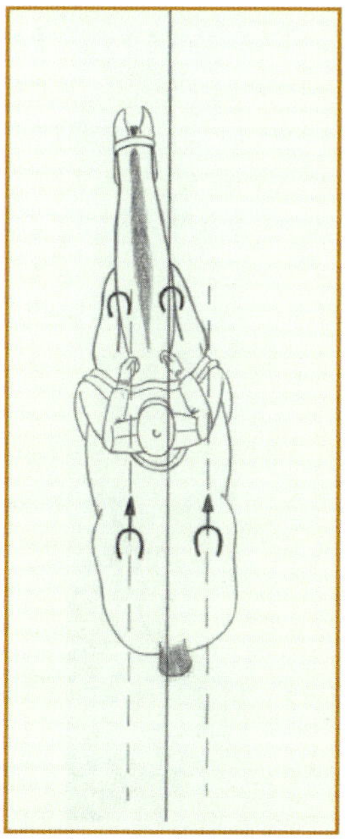

Das Pferd ist noch nicht gerade gerichtet. Die Hinterfüße treten nicht in die Spur der Vorderfüße.

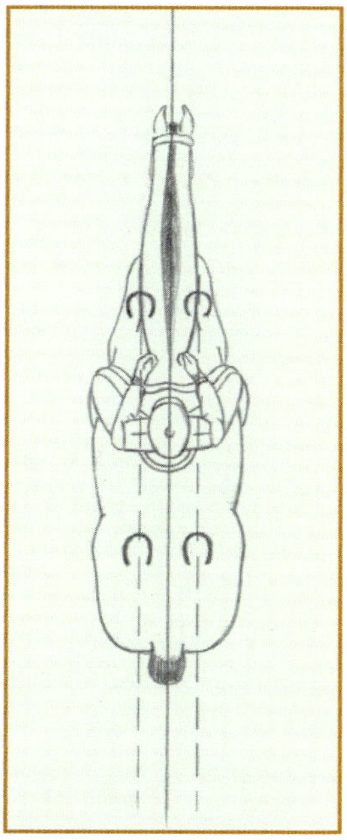

Das Pferd ist gerade gerichtet. Vorhand und Hinterhand sind aufeinander eingerichtet.

In der fortgeschrittenen Ausbildung soll das Pferd mit vermehrter Aufrichtung in Selbsthaltung rückwärts treten. Dann ist dies eine versammelte Lektion.

Eine Grundregel ist, nach einer Reprise versammelnder und gerade richtender Arbeit immer wieder im frischen Vorwärts für Schwung und Schubkraft zu sorgen. Die Korrektheit und Taktmäßigkeit eines nach einer versammelnden Phase eingelegten Mitteltrabs macht deutlich, inwieweit die versammelnde Arbeit richtig war bzw. inwieweit sie vom Pferd bereits verkraftet wurde. Sucht das Pferd in diesem Mitteltrab die Unterstützung der Hand oder findet es nicht den klaren Takt, wehrt sich gegen einen Schenkel und macht sich dabei fest, dann ist die vorausgegangene versammelnde Arbeit zu viel oder fehlerhaft gewesen. Entwickelt sich der Mitteltrab jedoch mit gleichmäßigen, ausdrucksvollen Tritten, bestätigt es damit die Richtigkeit der vorausgegangenen, versammelnden Arbeit. Das Pferd ist dann bereit, auch im Mitteltrab den Reiter im Schwung mitzunehmen, den Rahmen entsprechend der ausgreifenderen Bewegung zu erweitern und taktmäßig, losgelassen, in leichter Anlehnung schwungvoll und gerade vorwärts zu gehen.

Bei der Rückführung zum versammelten Trab nimmt das gut gerittene Pferd den Schwung aus der Verstärkung mit und trabt kadenzierter bzw. erhabener.

Kadenz bedeutet, dass die Schwebephase vom Pferd etwas deutlicher ausgehalten wird. Die Hinterbeine müssen dabei gut nach vorne durchschwingen.

Erfolgt die Schwebephase ohne entsprechendes Durchschwingen der Hinterbeine nach vorne, entstehen die fehlerhaften Schwebetritte bei festgehaltenem Rücken.

Das noch junge Pferd zeigt deutlich die natürliche Schiefe von hinten rechts nach vorne links.

Das weiter ausgebildete Pferd ist in sich gerade gerichtet. Die Hinterbeine treten in die Spur der Vorderbeine.

Die Länge der versammelnden oder versammelten Reprisen richtet sich nach der Kondition des Pferdes. Eine Überforderung führt zu Verspannungen und Widersetzlichkeiten, nicht aber zum angestrebten Ziel.

Die Höhe der Anlehnung steht in direkter Beziehung zum Versammlungsgrad und wird als **relative Aufrichtung** bezeichnet.

Ein am Zügel gehendes Pferd geht in relativer Aufrichtung, auch wenn die Hinterhand weniger belastet ist, und das Pferd sich mit verhältnismäßig langem und wenig erhobenem Hals zeigt. Bei stärkerer Belastung der Hinterhand, also bei zunehmender Versammlung, wird die Vorhand entsprechend entlastet. Die Hinterhand senkt sich aufgrund der Hankenbeugung, und das Pferd erscheint dadurch aus der Schulter heraus größer, also insgesamt etwas bergauf. Diese Hals- und Aufrichtungsformen ergeben sich bei richtiger Ausbildung von selbst.

Dagegen steht als fehlerhaft die so genannte absolute Aufrichtung, die überwiegend mit der Hand herbeigeführt wird. Dabei trägt sich das Pferd nicht selbst, sondern Kopf und Hals werden von der Hand des Reiters getragen, die Rückentätigkeit wird gestört und somit die Aktivität der Hinterhand eingeschränkt.

Bei ausreichend entwickelter Tragkraft ist das Pferd also in der Lage, sich trotz des zusätzlichen Reitergewichts in allen Gangarten ausbalanciert in Selbsthaltung zu bewegen. Der Reiter kann zur Überprüfung für mehrere Tritte oder Sprünge überstreichen. Die Selbsthaltung muss dabei erhalten bleiben.

In der Versammlung sind die Hanken stärker gebeugt. Das Pferd tritt weiter in Richtung unter den Schwerpunkt und geht mit einer entsprechenden Aufrichtung (relative) in Selbsthaltung.

Die **Durchlässigkeit** ist das Ergebnis der gymnastizierenden Arbeit. Ihr Vorhandensein gibt die schlüssigste Auskunft über den wirklichen Wert der geleisteten Ausbildungsarbeit. Die Durchlässigkeit ist mit den übrigen Zielen der Ausbildungsskala eng verknüpft und steht mit ihnen in einem Wechselspiel:

- Zuverlässige Taktsicherheit in den drei Grundgangarten, besonders auch bei allen Übergängen, wird dem Pferd erst mit zunehmender Durchlässigkeit möglich sein.
- Nur bei einem losgelassen gehenden Pferd kann der Impuls aus der Hinterhand durch das ganze Pferd hindurchgehen. Verhaltende Zügelhilfen können vom Maul durch das Genick über den Hals und Rücken auf die Hinterhand wirken.
- Jedes Anlehnungsproblem, also Unsicherheiten oder Starrheiten in der Verbindung zwischen Reiterhand und Pferdemaul, beeinträchtigt direkt die Durchlässigkeit.
- Ein schwungvoll gehendes Pferd, welches aus dem losgelassenen Rücken heraus mit den Hinterbeinen durchschwingt, wird für vortreibende und verhaltende Hilfen durchlässiger sein.
- Erst mit zunehmendem Geradegerichtetsein kann ein Pferd auf beiden Händen gleichmäßig auf Paraden reagieren, dank der gleichzeitig vortreibenden Hilfen an die Hand des Reiters mehr herantreten, ohne mit der Hinterhand seitlich auszuweichen.
- Dieses wiederum ist unabdingbare Voraussetzung für die Versammlung und die daraus resultierende Aufrichtung eines Pferdes.
- Nimmt das Pferd die versammelnde Arbeit an, treten also beide Hinterbeine gleichmäßig in Richtung unter den Schwerpunkt und sind zur vermehrten Lastaufnahme bereit, dann ist die Durchlässigkeit in hohem Maße erreicht.

Geraderichten, Versammlung und Durchlässigkeit sind bei fortgeschrittener Ausbildung und höheren Anforderungen auch für das Springreiten und das Geländereiten notwendig. Nur so wird es dem Reiter möglich sein, präzise Wege zu reiten und das

Der Mitteltrab ist ein Prüfstein der geleisteten Ausbildungsarbeit.

Schon beim Reiten über Cavalettis im Galopp wird deutlich, wie wichtig die Tragkraft auch für das Springen und für das Geländereiten ist.

Tempo in jeder Situation kontrollieren, also zulegen und aufnehmen zu können. Außerdem wird durch das Vorhandensein dieser Ausbildungskriterien, auch beim Spring- und Vielseitigkeitspferd, eine gleichmäßige Belastung der Gliedmaßen gewährleistet. Bei allen Pferden ermöglicht diese Ausbildung eine willige Mitarbeit in allen Situationen, also gute Leistungsfähigkeit und -bereitschaft.

Die Systematik der dressurmäßigen Ausbildung ist Voraussetzung für jedes Reitpferd, gleichgültig ob es im weiteren Verlauf der Dressur, im Springen, im Gelände oder als Freizeitpferd eingesetzt wird.

Obwohl die vielseitige Ausbildung abwechslungsreich gestaltet werden soll, muss mit der dressurmäßigen Ausbildung begonnen werden, die durch geeignete Übungen, z.B. durch das Reiten über Bodenricks oder im Gelände, ergänzt werden sollten.

Schon während der Phase des Anreitens wird zunächst auf die Taktmäßigkeit und die Losgelassenheit besonderer Wert gelegt. Das Pferd soll sich in den drei Grundgangarten im ruhigen Tempo mit leichter Anlehnung ausbalancieren.

Schulung im Schritt

Das junge Pferd muss zu Beginn seiner Ausbildung lernen, ruhig zu schreiten und sich an die treibenden Hilfen des Reiters zu gewöhnen. Grundsätzlich wird in den ersten Monaten der Schritt nur am langen Zügel mit leichter Verbindung zum Pferdemaul geritten, da ansonsten Taktfehler relativ schnell entstehen können. Die Nickbewegung des Pferdehalses muss dabei vom Reiter mit nachgebenden Ellenbogen- und Schultergelenken zugelassen werden, so wie es das Pferd beim natürlichen Schreiten fordert.

Eine zu frühe Forderung der Anlehnung oder gar eine Formung des Pferdes im Schritt mit den Händen kann zu erheblichen Störungen im Takt, im Raumgriff wie auch zu Problemen in der Losgelassenheit führen. Diese Fehler sind in der späteren Ausbildung nur schwer zu korrigieren.

Das Reiten mit hingegebenem Zügel sichert das taktmäßige Schreiten beim jungen Pferd.

Gleichmäßiges Arbeiten auf gebogenen Linien mit dem jungen Pferd. Bei genauer Betrachtung sind die Zwangsseite (links) und die hohle Seite erkennbar.

Nicht nur die falsche Einwirkung mit der Hand schädigt den Schritt, sondern auch der fehlerhafte Gebrauch der Schenkel. Der ständig pressende, klemmende oder klopfende Schenkel stört den Takt des Pferdes und macht es zudem „schenkeltot", also unempfindlich. Bei triebigen Pferden ist die Einwirkung mit der Gerte oder den Sporen für einen kurzen Moment zu unterstützen, um die Aufmerksamkeit auf die Hilfen wiederherzustellen.
Der weggestreckte Schenkel, der mit dem Pferdeleib nicht in Fühlung ist, macht das Pferd unsicher oder überempfindlich. Insbesondere nervöse und unruhige Pferde beruhigen sich durch den ruhig anliegenden Schenkel schneller.
Auch das junge Pferd sollte zu Beginn einer jeden Trainingseinheit 10 bis 15 Minuten im Schritt am langen Zügel gehen, bevor die Arbeit im Trab oder Galopp beginnt. Dies dient zur psychischen Entspannung und gewährleistet, dass Gelenke, Sehnen und Muskeln langsam erwärmt werden.
Zwischen den Trab- und Galoppreprisen sollten häufiger Schrittpausen am langen oder mit hingegebenem Zügel eingelegt werden, um dem Pferd die noch ungewohnte Arbeit zu erleichtern. Beim älteren Pferd dienen Schrittpausen zwischen den einzelnen Trainingsabschnitten ebenfalls der psychischen und physischen Entspannung.

Schulung im Trab

Das junge Pferd wird in den ersten Wochen ausschließlich leichtgetrabt, bis es in dieser Gangart zur Losgelassenheit und zu einem gewissen Gleichgewicht gefunden hat. Das Pferd wird sowohl auf geraden Linien als auch auf großen gebogenen Linien vorwärts geritten, ohne es zu übereilen. Dabei lernt das Pferd, die treibenden Hilfen des Reiters zu akzeptieren.
Durch die weiche Verbindung zwischen Reiterhand und Pferdemaul, bei nachgiebigem Genick und schwingendem Rücken, entwickelt das Pferd aus dem Vorwärtsgehen heraus zunehmend die Schubkraft seiner Hinterhand. Im Trab ist es für das Pferd zu Beginn der Ausbildung am leichtesten, die Anlehnung zur Reiterhand zu finden.
Sind Takt und Anlehnung gewährleistet, kann versucht werden, über kurze Strecken die Tritte zu

verlängern und wieder einzufangen. Auf keinen Fall darf das Pferd dabei überfordert werden.
Das Leichttraben wird angewandt, um die Rückenmuskulatur zu entlasten und ihr das An- und Abspannen zu erleichtern. Das Aussitzen des Reiters geschieht allmählich, erst nur für kurze Reprisen. Besonders der Wechsel zwischen Aussitzen und Leichttraben erleichtert dem Pferd die Gewöhnung und verhindert ein Ermüden oder Verspannen der Muskulatur.

Schulung im Galopp

Hat sich das junge Pferd nach einigen Übungsstunden an das Abwenden im Trab und das Reiten auf dem Zirkel gewöhnt, wird das Angaloppieren geübt. Entstehen Augenblicke, in denen das Pferd den Galopp anbietet, so sollte die Situation genutzt werden. Hierbei muss der Reiter besonders gut ausbalanciert sitzen.

Den meisten Pferden fällt der Linksgalopp leichter als der Rechtsgalopp. Daher ist es am zweckmäßigsten, auf der linken Hand auf dem Zirkel zu traben und bei Erreichen der geschlossenen Seite des Zirkels anzugaloppieren. Durch vermehrtes Vorwärtsreiten und Treiben mit dem inneren Schenkel veranlasst der Reiter das Pferd anzuspringen. Dabei kann anfänglich ein leichtes Unterstützen mit der Gerte hilfreich sein. Geht das Pferd statt anzugaloppieren in einen eiligen Trab über, so sollte zunächst wieder der ruhige Arbeitstrab hergestellt werden, um erneut anzugaloppieren.

Nach einigen Versuchen auf der linken Hand sollte auch der Galopp auf der rechten Hand geübt werden. Galoppiert das Pferd falsch an, so darf der Reiter auf keinen Fall das Pferd bestrafen. Dies würde lediglich zu Verspannungen führen, jedoch nicht zu einem verbesserten Gleichgewicht. Evtl. kann das Pferd vor dem Angaloppieren leicht nach außen gestellt werden. Durch diese etwas veränderte Gleichgewichtslage wird das Pferd im Handgalopp anspringen.
Zunächst wird nur in kurzen Reprisen galoppiert, ohne dabei zu schwer einzusitzen. Der Übergang in den leichten Sitz erleichtert dem Pferd, mit dem Reitergewicht zu galoppieren.
Erfolgt das Galoppieren relativ sicher, dann können die Galoppsprünge verlängert und wieder eingefangen werden. Hierdurch wird das Unterspringen des inneren Hinterbeines verbessert, und der Galopp wird durch die Übergänge schwungvoller und runder. Der Reiter darf sein Pferd dabei keinesfalls mit den Hilfen „überfallen", sondern muss allmählich durch vermehrtes Treiben die Hinterbeine zum weiten Durchspringen aktivieren.

Das Galoppieren unter dem Reiter fällt vielen jungen Pferden noch schwer. Daher ist es sinnvoll, den Rücken zunächst zu entlasten.

Übergänge zwischen Trab – Galopp und Galopp – Trab sollten häufig geritten werden. Diese Übergänge fördern ganz besonders die Losgelassenheit, Geschmeidigkeit und die beginnende Durchlässigkeit des Pferdes.

Durch Reiten von Übergängen, sowohl in eine höhere wie auch in eine niedrigere Gangart und innerhalb einer Gangart, werden die Hinterbeine durch die treibenden Einwirkungen des Reiters aktiviert und der Rücken zum Schwingen gebracht. Damit sich das Pferd ausbalancieren kann, dürfen die Übergänge nicht zu plötzlich gefordert werden. Dauert es am Anfang einige Momente, bis das Pferd die Hilfen des Reiters richtig versteht und entsprechend reagiert, wird das Pferd durch Loben seine Aufgabe schneller verstehen als durch zwanghaft treibende oder stark verhaltende Hilfen. Diese würden das Pferd nur verunsichern und Spannungen hervorrufen. In der gleichen Weise wird beim Üben ganzer Paraden vorgegangen.

Das **Reiten von Wendungen** wird sich zunächst auf große Linien wie Zirkel, einfache Schlangenlinie an der langen Seite oder Schlangenlinie durch die ganze Bahn mit drei oder vier Bögen beschränken. Volten sollten 10 m nicht unterschreiten. Besonders geeignet, um die Biegung und Geschmeidigkeit des Pferdes zu verbessern, ist das allmähliche spiralförmige Verkleinern und Vergrößern des Zirkels. Es ist besonders darauf zu achten, dass das Pferd an den äußeren Zügel herantritt. In der weiter fortschreitenden Ausbildung wird mit den Vorwärts-Seitwärts-Bewegungen begonnen, so z.B. mit den verschiedenen Formen des Schenkelweichens. Auch die Vorhandwendung schult den Gehorsam auf die seitwärts treibenden Hilfen. Für alle neuen Lernabschnitte gilt, dass nur kurze Reprisen gefordert werden, um danach im frischen Vorwärts die Schwungentfaltung und Losgelassenheit wieder zu verbessern. Reagiert das Pferd nur ansatzweise auf die Hilfen einer neuen Lektion, so sollte auch dies zunächst dem Ausbilder genügen.

Auch in der dressurmäßigen Arbeit des jungen Pferdes kann die Cavalettiarbeit sehr hilfreich sein. Aufmerksamkeit, Rückentätigkeit und die Beugefähigkeit der Gelenke werden gefördert.

Zunächst im Schritt ...

später auch im Trab

Entscheidend ist nicht das Erlernen von Lektionen, die schematisch abgespult werden, sondern die zunehmende Empfänglichkeit und die erhöhte Durchlässigkeit auf die Hilfen und Einwirkungen des Reiters.

In der Grundausbildung sind die Ziele der **Lösungsphase** vorrangige Ausbildungskriterien, während das Pensum der **Arbeitsphase** nur langsam und schrittweise gesteigert werden soll. Somit ist es wichtig, dass auch in der Arbeitsphase immer wieder das „Zügel-aus-der-Hand-kauen-lassen" durchgeführt wird, um Takt, Losgelassenheit, Anlehnung und Schwung zu überprüfen. Die abschließende **Erholungsphase** muss immer entsprechend lang sein, um das Pferd gelassen und mit positiven Erlebnissen in den Stall zurückzubringen.

Ist das Pferd in den grundlegenden Dressurlektionen genügend durchlässig, wird mit Übungen der weiterführenden, gerade richtenden Biegearbeit und der Versammlung begonnen. Ein häufiger Wechsel zwischen Erhöhung und Zurückführung der Anforderungen und des Tempos wird die Gehfreudigkeit, den Schwung und die Zufriedenheit des Pferdes erhalten. Es ist falsch, mit dem noch jungen Pferd längere Reprisen zu reiten, die ausschließlich in den Bereich der Versammlung gehören. Nur aus dem „Vorwärts" heraus wird das Pferd bereit sein, mit beiden Hinterbeinen gleichmäßig in Richtung unter den Schwerpunkt zu treten und die Last nach vorne mitzunehmen.

Die versammelnden Abschnitte dürfen erst mit zunehmender Kondition und entsprechender Muskelbildung allmählich länger ausgedehnt werden, da sonst beim Pferd Spannungen, Verkrampfungen oder gar Widersetzlichkeiten hervorgerufen werden. Eine Überforderung führt niemals zum angestrebten Ziel.

Übungen und Lektionen müssen grundsätzlich aufeinander aufbauen. Oftmals werden aus mangelndem Verständnis heraus dem Pferd Aufgaben abverlangt, die es aufgrund seiner Beweglichkeit und bisherigen Gymnastizierung nur unter Spannung und Zwang ausführen kann. Hier muss zunächst einmal sichergestellt werden, dass die grundlegenden Hilfen vom Pferd verstanden worden sind. So kann z.B. der Außengalopp erst dann geübt werden, wenn das Pferd im Handgalopp sicher an den Hilfen steht und sich für einige Sprünge versammeln lässt. Auf eine Überforderung würde das Pferd mit Unsicherheiten reagieren und, wie in diesem Beispiel, davoneilen, in den Kreuzgalopp springen oder auch gänzlich von den Hilfen kommen. Es obliegt wesentlich dem Gefühl und Wissen des Ausbilders, wann ein Pferd in der Lage ist, neue Anforderungen zu verstehen und wann es neue Aufgaben regelrecht anbietet.

Reagiert das Pferd gehorsam und losgelassen auf die vorwärts treibenden und verhaltenden Hilfen sowie auf die verwahrenden und seitwärts treibenden Hilfen, dann sind die Lektionen der Grundausbildung problemlos vom Pferd zu bewältigen.

Merke:

In der gesamten Ausbildung ist da[s] Reiten von Lektio[-] nen nur ein Prüfstein der bisheri[gen] Ergebnisse und [der] Durchlässigkeit.

Lektionen sind also kein Selbstzweck, sondern werden bei richtiger Grundausbildung und steigender Durchlässigkeit dem Reiter wie „reife Früchte in den Schoß fallen". Treten in der Ausbildung Missverständnisse zwischen Pferd und Reiter auf, so ist es in fast allen Fällen notwendig, die Anforderungen zurückzuschrauben und den Erfolg der Ausbildung an den sechs Kriterien der Skala zu messen. Außerdem sollte der Reiter selbstkritisch seine Hilfengebung auf Korrektheit und Verständlichkeit überprüfen. Oftmals ist in der weiter fortschreitenden Arbeit ein Punkt der Ausbildungsskala vernachlässigt worden, sodass das Gesamtbild des richtig gymnastizierten Pferdes nicht mehr stimmt. Das Pferd seinerseits ist somit auch nicht in der Lage, die von ihm verlangten Anforderungen entsprechend auszuführen. Für eine solide dressurmäßige Grundausbildung werden in der Regel ca. zwei Jahre benötigt. Je nach Pferd kann sich dieser Zeitraum aber auch verlängern.

Merke:

Nur wer sich immer wieder auf die grundlegenden Kriterien der Ausbildung besinnt, wird in der Lage sein, ein durchlässiges Pferd auszubilden.

Kurt Gravemeier, Bundestrainer der deutschen Springreiter

„Neben der dressurmäßigen Gymnastizierung ist die Springgymnastik ein wesentlicher Bestandteil für die systematische Ausbildung eines jungen Springpferdes. Erste Gymnastik-Elemente sollten schon beim Freispringen mit eingebaut werden. Nachdem die Pferde gelernt haben, kleine einzelne Hindernisse und Kombinationen unter dem Reiter zu springen, sollte die Springgymnastik ins weiterführende Trainingsprogramm mit aufgenommen werden. Gymnastikspringen dient der Förderung der Elastizität, hilft dem Pferd seine körperlichen Kräfte zu entwickeln und bietet eine ausgezeichnete Möglichkeit, das Pferd in seiner Springtechnik zu schulen. Darüber hinaus werden Konzentrations- und Reaktionsfähigkeit des Pferdes verbessert und Selbstvertrauen und die nötige Sicherheit gefördert. Durch sinnvolles Gymnastizieren über Stangen, kleine Kreuze oder Hindernisstangen können mit dem jungen Springpferd einen großen Teil der Fähigkeiten vermittelt werden, die es später im Parcours beherrschen muss, wenn es erfolgreich sein soll."

Die Cavalettiarbeit steht zu Beginn der Springausbildung unter dem Reiter. Sie sollte aber auch in der weiteren Ausbildung zur Gymnastizierung eingesetzt werden.

4.6 Springausbildung

Das Springen ist fester Bestandteil der Ausbildungsgymnastik des jungen Pferdes. Die Spezialisierung für den Gebrauch des Pferdes in einer Disziplin des sportlichen Reitens sollte sich nach der jeweiligen Eignung des Pferdes richten, setzt aber in jedem Fall eine vielseitige, fundierte Grundausbildung voraus.

Merke:

Eine vielseitige Grundausbildung, die mit Sachkenntnis und Einfühlungsvermögen des Ausbilders aufgebaut wird, ist der beste Garant für die Gesunderhaltung und das Wohlbefinden des Pferdes.

Die Gewöhnung des Pferdes an unterschiedliche Umgebung, an Hindernisse und an verschiedene Geländeformen müssen mit der gymnastisch-dressurmäßigen Reitausbildung Hand in Hand gehen. Einerseits wird hierdurch der Gebrauchswert und die sichere Beherrschung des Pferdes in jeder Situation erhöht, andererseits trägt die Springgymnastik wie auch die Arbeit im Gelände wesentlich zur Geschicklichkeit, Geschmeidigkeit und zum Gehorsam des Pferdes bei.

Die Springausbildung des jungen Pferdes sollte in allen Phasen nur von einem routinierten und gefühlvollen Reiter durchgeführt werden. Unsicherheiten, die durch den Reiter hervorgerufen werden, können einen großen Vertrauensverlust für das Pferd bedeuten oder auch zu einer Leistungsverweigerung führen.
Nach den ersten Wochen des Anreitens und einer dressurmäßigen Grundschulung werden Bodenricks in das Training mit einbezogen. Dazu wird über einzelne tief gestellte Bodenricks im Schritt und im Trab geritten. Auch wenn die Anforderungen dabei nicht groß sind, so ist doch gerade hierbei häufiges Loben die beste Voraussetzung, um dem Pferd das nötige Vertrauen zu geben. Geht das Pferd in Dehnungshaltung ruhig über einzelne Bodenricks, so kann die Arbeit auf mehrere hintereinander liegende Bodenricks allmählich erweitert werden.

Besser als das eintönige, einmal pro Woche durchgeführte Intensivtraining ist das wohldosierte Einfließenlassen dieser Gymnastizierung in möglichst viele Trainingseinheiten.
Die Bodenrickreihen können sowohl auf gerader Linie als auch sternförmig aufgebaut werden. Letzteres bewährt sich besonders, wenn mehrere Pferde mit unterschiedlichem Raumgriff gearbeitet werden, sodass der passende Abstand für das jeweilige Pferd leicht variiert werden kann. Das Verkleinern und Vergrößern der Abstände sollte während der Grundausbildung noch nicht durchgeführt werden. Bei weiter ausgebildeten Pferden können dadurch evtl. Raumgriff und Beugefähigkeit der Gelenke verbessert werden.

Einzelne, hoch aufgestellte Bodenricks werden aus dem ruhigen Galopp übersprungen. Hierdurch und durch die gleichzeitige Gewöhnung an das Freispringen werden die ersten Grundlagen der Springausbildung gelegt.

Bei den ersten Übungen der Springgymnastik werden kleine Hindernisse mit vorgelegter Trabstange überwunden.

Bodenricks sind sowohl für das junge Pferd als auch für das ältere routinierte Springpferd eine hervorragende Gymnastizierung, die entsprechend dosiert fast täglich durchgeführt werden kann, ohne die Pferde dabei zu überanstrengen. Der routinierte Reiter muss den Aufbau, den Abstand, die Höhe und die Variation der Bodenricks so wählen, wie es für die Entwicklung seines Pferdes gut ist. Er muss fühlen, wann das Pferd geschmeidiger und elastischer wird und wann der richtige Zeitpunkt zum Aufhören gekommen ist. Bodenricks sollten niemals aufeinander eingestellt werden, da sie sonst eine Unfallgefahr darstellen.
Nach vier bis sechs Monaten, in denen neben der dressurmäßigen Grundausbildung die ersten Übungen der Bodenricks, im Gelände sowie im Freispringen mit niedrigen Anforderungen erfolgt sind, kann mit der eigentlichen Springgymnastik begonnen werden.

Bei der **Springgymnastik** wird die Entwicklung der motorischen Fähigkeiten des Pferdes für das Springen trainiert, ohne dass es dabei kräftemäßig überbeansprucht wird.
Zunächst wird über einzelne kleine Hindernisse mit oder auch ohne vorgelegte Trabstange geritten. Dazu eignet sich der Aufbau eines Kreuzsprunges, damit das Pferd von Anfang an das Hindernis in der Mitte überspringt. Das zusätzliche Aufstellen von Fängen, sowohl bei Einzelhindernissen als auch in der Springreihe, hat sich in der Grundausbildung bewährt. Es verhindert ein seitliches Ausbrechen und erleichtert dem Pferd die Entschlussfreudigkeit zum Springen.

Der erfahrene Reiter wird von Anfang an bemüht sein, auch nach dem Hindernis in gleichmäßigem Tempo, Rhythmus und auf der vorgesehenen Linie zu bleiben. Hierdurch wird die Durchlässigkeit des Pferdes verbessert und die weitere Springausbildung erleichtert.

Wenn das Pferd ruhig und in gleichmäßigem Tempo über das einzelne Hindernis springt, so kann mit der Erweiterung zu einer Springreihe begonnen werden.
Die Springreihen sollten dabei mit passenden Abständen und niedrigen Hindernissen aufgebaut werden. Zunächst genügen zwei bis drei Sprünge mit vorgelegter Stange, die aus dem Trab angeritten werden.
Der Reiter muss in den Springreihen geschmeidig in die Bewegung des Pferdes eingehen, wobei er möglichst durchgängig entlastend sitzen soll; aufwändige Körperbewegungen erschweren es dem Pferd, sein Gleichgewicht zu finden.

Gymnastikreihe mit unterschiedlichen Distanzen

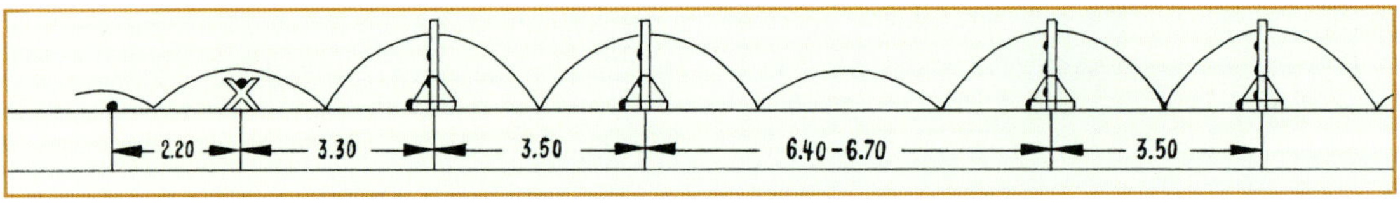

2 Springreihen als Beispiel. Weitere Aufbaumöglichkeiten und Variationen können den FN-Lehrtafeln entnommen werden („Richtlinien für Reiten und Fahren" – Band 1 und „Die Deutsche Reitlehre - Der Reiter").

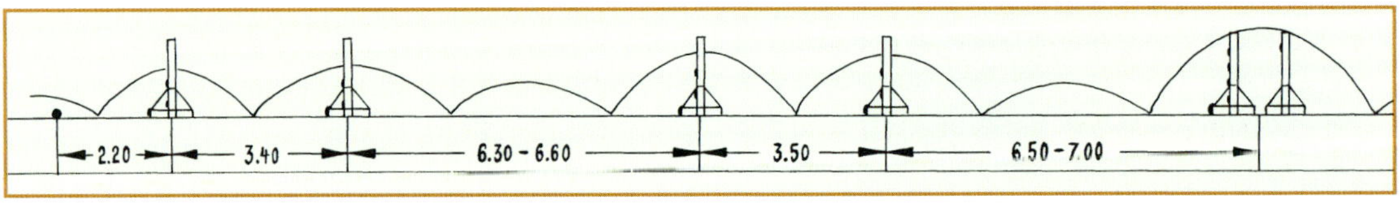

Die Entwicklung der Springfreudigkeit ist in diesem Ausbildungsstadium besonders wichtig und darf nicht durch Überforderung gestört werden.

Unüberlegtes eintöniges Wiederholen von Hindernissen bringt keinen Fortschritt. Vertrauen zum Reiter und abwechslungsreiche Aufgaben fördern die Leistungsbereitschaft und Ausgeglichenheit des jungen Pferdes.

Der Aufbau von **Springreihen** richtet sich nach den gewünschten Ausbildungszielen:

- Die geschmeidige Hergabe des Rückens und der Muskulatur wird beim Springen von Hindernissen gefördert, die freundlich und einladend hintereinander in passender, d.h. dem Galoppsprung des jeweiligen Pferdes angemessener und keinesfalls zu weiter Entfernung aufgebaut sind. Durch diese Flugkurve wird eine Aufwölbung und Dehnung aus dem Widerrist heraus erreicht (Bascule).
- Die Entwicklung und Vervollkommnung der Springtechnik, der Geschmeidigkeit und der Geschicklichkeit wird durch den Aufbau von abwechslungsreichen Reihen gefördert. Etwas engere Distanzen und Steilsprünge verbessern die Vorderbeintechnik, während leichte Hoch-Weit-Sprünge aus einem ruhigen Tempo heraus die Hinterbeintechnik verbessern können. Den gleichen Effekt haben „In-and-Outs".

Verschiedene Variationen von Springreihen sind notwendige Übungen für das Springpferd. In-and-Out mit vorgelegter Stange

- Die Verbesserung der Aufmerksamkeit und des Reaktionsvermögens wird durch Abwechslung erreicht. Unterschiedliches Hindernismaterial sowie das gelegentliche Training auf fremden Plätzen mit neuen Hindernissen kann einer Eintönigkeit und sich daraus ergebender Nachlässigkeit entgegenwirken. Der Ausbilder muss darauf achten, ob mangelnde Aufmerksamkeit nicht durch Überforderung entstanden ist.
- Die Schulung des Taxiervermögens kann durch allmähliches Weglassen der Absprungerleichterungen erreicht werden. Dabei sollten allerdings vorgezogene Unterstellteile dem noch nicht so routinierten Pferd das Einschätzen erleichtern. Ein häufiger Wechsel der Abstände zwischen den Hindernissen sowie eine Veränderung der Absprunghilfen an bekannten Hindernissen können ebenfalls das Taxiervermögen weiter ausprägen.
- Die Entwicklung der Sprung- und Schnellkraft wird insbesondere durch das Reiten von kleinen Hindernissen aus einem ruhigen Tempo erreicht. Hindernisse, die mit vorgelegter Stange aus dem Trab gesprungen werden, sollen dem Pferd helfen, energisch und entschlossen, ohne zu eilen, abzuspringen. Die Sprung- und Schnellkraft wird nicht über die Erhöhung der Geschwindigkeit erreicht, sondern über das kraftvolle Abspringen aus dem ruhigen Tempo heraus. Auch das Springen von „In-and-Outs" wird dabei nützlich sein.
- Das besonders wichtige Selbstvertrauen des Pferdes zur eigenen Schnell- und Leistungskraft sowie das vertrauensvolle Strecken und „sich fliegen lassen" über dem Sprung wird durch Abstände zwischen den Hindernissen erreicht, die am Anfang eher etwas enger als zu weit aufgebaut werden. Das ganz allmähliche Erweitern der Abstände, ebenso wie das Verbreitern niedriger Hoch-Weit-Sprünge werden dem Pferd bei systematischer Schulung das notwendige Vertrauen geben. Hindernisse mit einem „einladenden" Profil erleichtern die Aufgabe. In Distanzen muss der Abstand dabei so gewählt werden, dass dem Reiter eine treibende Unterstützung der Galoppsprünge möglich ist. Nur wenn das Pferd rhythmisch in einem gleichmäßigen Grundtempo vor den treibenden Hilfen des Reiters ist, wird es vertrauensvoll abspringen.

Häufig treten Schwierigkeiten mit dem Aufbau neuartiger und unbekannter Hindernisse und veränderter Distanzen auf. Die Pferde sollten während der Springgymnastik rechtzeitig mit den verschiedenartigsten Sprüngen in geringen

Merke:

Die Springausbildung des Pferdes muss ohne Herausforderung von Widerstand durchgeführt werden. Nur die positiven Erfahrungen fördern die Sicherheit und Springfreude.

Das junge Pferd muss lernen, willig und vertrauensvoll die Hindernisse zu überwinden. Nur ein ausbalancierter Reiter, der die Zusammenhänge der Ausbildung versteht, kann dies gewährleisten.

Abmessungen vertraut werden. Mit neuen Hindernissen, besonders den massiv gebauten (wie z.B. Rick, Gatter, Mauer), muss das Pferd erst allmählich vertraut gemacht werden. Der Einsatz eines Führpferdes kann hierbei zu Beginn hilfreich sein. Auf keinen Fall darf das junge Pferd durch Strafen zum Springen gezwungen werden, da es dadurch eher misstrauisch wird, anstatt Vertrauen zu gewinnen.
Mit fortschreitender Geschicklichkeit des Pferdes in den Springreihen werden einzelne Sprünge ohne vorgelegte Stange zunächst aus dem Trab und dann aus dem ruhigen Galopp angeritten. Der Aufbau von Distanzen, sowohl auf gerader als auch auf gebogener Linie, fördert zusätzlich die Geschmeidigkeit, den Gehorsam und die Durchlässigkeit des Pferdes. In diesem Ausbildungsabschnitt ist es besonders wichtig, dass der Reiter über genügend Routine verfügt, die Distanzen frühzeitig einschätzen kann und so das Pferd gegebenenfalls durch das Regulieren des Tempos und durch die Sicherung des Rhythmus unterstützt. Ein junges Pferd, das mehrfach falsch an einen Einzelsprung herangeführt wurde, verliert das Vertrauen und die Sicherheit im Sprung.

In der weiteren Ausbildung wird das Springen von **Wällen** und **Gräben** geübt. Hierauf muss das Pferd ebenfalls sorgsam vorbereitet werden, evtl. mit Hilfe eines erfahrenen Führpferdes.
Zunächst werden niedrige Stufen angeritten, um das Pferd an die neue Aufgabe zu gewöhnen. Allmählich können die Anforderungen gesteigert werden und mit kleinen Hindernissen vor, auf und nach dem Wall kombiniert werden.

Auf- und Absprünge sollten nicht schneller, aber bestimmt angeritten werden, um Vertrauen zu schaffen und ein Stehenbleiben zu vermeiden. Springen von Gräben wird ebenso systematisch erlernt und ist eigentlich keine besondere Schwierigkeit, da es sich im Grunde genommen nur um einen etwas verlängerten Galoppsprung handelt.

Die Farbe und die Spiegelung bei einem Wassergraben sind allerdings für das junge Pferd ungewohnt und bedürfen deshalb einer besonders behutsamen Vorgehensweise, um keine lebenslange Scheu oder Widersetzlichkeit hervorzurufen. Die Hindernisse müssen einladend gebaut und mit Fängen versehen sein. Zu Beginn wird das Springen von kleinen überbauten Wassergräben geübt. Der Graben wird dazu mit einer ca. 50 cm hohen Stange überbaut, damit das Pferd hoch genug springt und sich zunächst mehr auf die Stange, als auf das darunter liegende Wasser konzentriert.
Die Zuhilfenahme einer Plane kann als Ersatz dienen und hat zu Beginn den Vorteil, dass sie so klein wie nötig zusammengerollt werden kann. Das allmähliche Verbreitern der Plane und das Einlassen von Wasser erfolgt schrittweise.

Das Grabentraining und das Springen von Wassergräben kann erweitert werden, wenn überbaute Wassergräben etwas ganz Selbstverständliches geworden sind. Dann dürften die Anforderungen und Abmessungen eines „Pulvermanns Grab" ebenfalls keine Schwierigkeit sein.
Soll das Pferd mit diesem Sprung vertraut gemacht werden, wird zunächst nur der Wassergraben gesprungen, danach der Wassergraben und der Aussprung und schließlich alle 3 Hindernisse hintereinander.

„Pulvermanns Grab"

Rittigkeitsaufgaben, wie sie in Stilspringprüfungen mit Standardanforderungen gefordert werden, sind gerade für das Training besonders wertvoll. Dabei werden u.a. Übergänge, Bodenricks, Wendungen und auch das Halten und Rückwärtsrichten zwischen den Sprüngen geübt, um die Durchlässigkeit und Geschmeidigkeit des Pferdes zu fördern.

Durch das Springen einzelner, leicht erhöhter Hindernisse und die Springgymnastik wird sich die **Springtechnik im Parcours** relativ rasch entwickeln. Die Hauptziele in diesem Ausbildungsabschnitt sind:

- das rhythmische Galoppieren,
- das gleich bleibende Grundtempo,
- die Ausdauer und Kondition, eine größere Folge von Hindernissen in einem gleichmäßigen Grundtempo zügig hintereinander zu springen,
- die in Gestaltung und Farbe verschiedenartigsten Hindernisse vertrauensvoll, harmonisch und möglichst fehlerlos zu überwinden,
- durchlässig und ohne Widerstand Richtungsänderungen und Gangarten sowie Galoppwechsel vorzunehmen.

Der Reiter muss bestrebt sein, die Hindernisse im Parcours im richtigen Handgalopp anzureiten. Bei Richtungsänderungen kann mit dem jungen Pferd zunächst eine Korrektur des Galopps über den Trab erfolgen. Einige Pferde bieten aber auch den fliegenden Galoppwechsel bei Richtungsänderungen von selbst an, um die veränderten Gleichgewichtsverhältnisse auszugleichen.
Zur Gewöhnung der Pferde an das Parcoursspringen werden kleinere Ausschnitte gesprungen, bevor ein komplett aufgebauter Parcours geritten wird. Die Höhe der Hindernisse bleibt niedrig. Vor allem aber wird Wert darauf gelegt, dass das Pferd längere Strecken in einem gleichmäßigen Tempo galoppieren und springen kann. Es bedarf einer feinen und gefühlvollen Hilfengebung, um das für das betreffende Pferd erforderliche Grundtempo einzuhalten. Nur allmählich darf dazu übergegangen werden, aus höherem Tempo zu springen. Erst wenn das junge Pferd im Training einen Parcours sicher überwindet, sollte an die Teilnahme an Wettbewerben gedacht werden.

Ruhiges Spazierenreiten in der Gruppe gewöhnt das junge Pferd an viele Umwelteinflüsse.

4.7 Geländeausbildung

Jedes junge Pferd muss frühzeitig an das Reiten im Gelände gewöhnt werden. Unabhängig von seinem späteren Einsatz, sei es als Freizeit- oder Sportpferd, wird das häufige und ruhige Reiten im Gelände die Aufmerksamkeit und auch die Gelassenheit fördern. Gleichzeitig werden die Balance, die Koordination der Bewegungen, die Trittsicherheit und die Geschicklichkeit verbessert.

In den ersten Monaten genügt das regelmäßige Spazierenreiten, entweder in der Gruppe oder mit einem erfahrenen Führpferd. Nach weiterer Gewöhnung können aus der Gruppe heraus einzelne Übungen auch individuell durchgeführt werden.

Ausritte dienen dem mentalen Ausgleich und sind daher bei geeigneten Möglichkeiten eine hervorragende Abwechslung auch vor und nach den Trainingseinheiten in der Halle und auf dem Reitplatz. Das Schrittreiten am langen Zügel ist hierbei besonders wichtig. Irrtümlicherweise werden, insbesondere etwas nervöse Pferde, häufig mit zu viel Beizäumung geritten, wodurch die Losgelassenheit nicht gefördert wird, sondern Verspannungen und Nervosität nur noch verstärkt werden.

In der systematischen Geländeausbildung wird je nach Gegebenheiten im Schritt und im Trab, später auch im Galopp, mit dem Reiten über welliges Gelände begonnen. Extrem ansteigende oder abfallende Hänge sollten allerdings mit dem jungen Pferd ausgespart werden, da es sich noch nicht voll ausbalancieren kann.
Das Pferd muss lernen, Bodenunebenheiten und leichte Hänge im gleichmäßigen Tempo zu überwinden. Durch das ruhige Reiten wird eine Kräftigung der Hinterhand und Rückenmuskulatur erreicht, die der allgemeinen Gymnastizierung des Pferdes und auch der Beweglichkeit und Beugungsfähigkeit von Hüft- und Kniegelenken dient. Das Bergauf- und Bergabreiten, später auch das Klettern, sollten planvoll und mit nur allmählich steigenden Anforderungen in das Training mitaufgenommen werden. Da diese Übungen für das Pferd anstrengend sind, dürfen sie nicht übertrieben werden. Es ist stets darauf zu achten, dass Hänge senkrecht (Falllinie) angeritten werden, um eine gleichmäßige Belastung der Hinterbeine zu erreichen oder einer evtl. Gefahr des Ausrutschens zuvorzukommen.

Bei geeigneten Bodenverhältnissen können in der freien Natur auch verschiedene dressurmäßige Übungen durchgeführt werden. Insbesondere das kontrollierte Reiten von Tempounterschieden und Übergängen, das Reiten von Wendungen und gebogenen Linien wie auch Vorwärts-Seitwärts-Bewegungen (Schenkelweichen) und das „Zügel-aus-der-Hand-kauen-lassen" erhöhen die Aufmerksamkeit und Durchlässigkeit des Pferdes.
Einhergehend mit der Springausbildung über Bodenricks, Springreihen und niedrigere Hindernisse

Dressurmäßiges Reiten im Gelände fördert die Durchlässigkeit und das Vertrauen.

Merke:

Das Vorausgehen eines Führpferdes ist die sicherste Lösung für Pferd und Reiter. Die Springfreude des jungen Pferdes wird hierdurch besonders geweckt und das Kennenlernen neuer Hindernisse erleichtert.

können erste Geländehindernisse geübt werden. Voraussetzung dafür ist, dass das Pferd sicher an den Hilfen steht und sich im Gleichgewicht befindet.

Diese ersten Geländehindernisse sollten sorgfältig ausgewählt werden, eine niedrige Höhe aufweisen, einladend sein und eine sichere Absprung- und Landestelle haben. Das Zeigen der Sprünge wird ersten Unsicherheiten beim Pferd vorbeugen. Wie in der springmäßigen Ausbildung werden die Sprünge zuerst aus dem Trab angeritten. Mit gesteigerter Sicherheit kann dann auch im ruhigen Tempo gegen die Sprünge galoppiert werden.

Für die ersten Übungen eignen sich insbesondere Baumstämme und Hecken, die eine natürliche seitliche Begrenzung haben. Einige ausgewählte Natursprünge sollten während der ersten Wochen genügen, um dem Pferd Vertrauen zu geben.

Der Versuch, junge Pferde im Gelände übermäßig treiben und über die Hindernisse zwingen zu wollen, wird Misstrauen und Unsicherheiten schüren. Gerade beim Geländereiten ist der Kontakt und die Vertrauensbasis zwischen Mensch und Pferd entscheidend für das beiderseitige Wohlbefinden, für die Minderung der Risiken und für die harmonische Bewältigung der naturgegebenen Aufgaben.

Der Einsatz von Führpferden ist im Gelände besonders sinnvoll.

Soll das junge Pferd auf das Springen von unbekannten Hindernissen vorbereitet werden, so müssen eine Anzahl von Faktoren gegeben sein:

- eine dressurmäßige Grundausbildung,
- eine springmäßige Grundausbildung,
- die Gewöhnung an das Geländereiten,
- die Gewöhnung an niedrige, bekannte Naturhindernisse,
- eine Grundkondition,
- Vertrauen zum Reiter.

Mobiles Geländehindernis „Jägerzaun"

Als Vorübung können mobile Geländehindernisse hierbei eingesetzt werden. Sie werden einladend an dem Pferd bekannten Stellen aufgebaut.

Wird das mobile Hindernis sicher gesprungen, so kann es in einer unbekannten Umgebung aufgebaut werden. Dieses nun anders wirkende Hindernis zeigt man nochmals dem Pferd. Erfolgt dieses Inspizieren mit Ruhe und Geduld, so wird, zunächst aus dem Trab und später auch aus dem Galopp, das Überwinden kein Problem darstellen.

Ist das junge Pferd entsprechender Weise mit einer größeren Anzahl von neuen Aufgaben vertraut gemacht worden, so wird es auch unbekannte Hindernisse ohne vorheriges Betrachten überwinden.

Das Durchreiten von flachen Wasserstellen gehört zur vielseitigen Grundausbildung und sollte mit Hilfe eines erfahrenen Führpferdes geübt werden. Je flacher der Einstieg und die Wasserstelle selber sind, desto eher wird das Pferd geneigt sein, dem vorausgehenden Pferd zu folgen. Dank häufigen Lobens wird es nach einigen Versuchen willig und gelassen seichte Wasserstellen durchschreiten.

Dem jungen Pferd sollten neue Geländehindernisse zunächst gezeigt werden.

Pferde, die vertrauensvoll an das Durchreiten von Wasser herangeführt werden, zeigen in der Regel keine Schwierigkeiten hiermit in der weiteren Ausbildung.

Der Reiter darf grundsätzlich nur ihm bekannte Wasserstellen mit genügend festen Bodenverhältnissen auswählen. Ein plötzliches Absinken in schlammigem Boden löst bei den Pferden Panik aus und mindert nachhaltig das Vertrauen zum Wasser.

Geeignete Wasserstellen werden dann auch im Trab und Galopp durchritten. Nach genügender Gewöhnung wird der Aussprung aus dem Wasser trainiert. Durch einen am Ufer liegenden Baumstamm lernt das Pferd nach Durchreiten des Wassers an das Ufer zu springen. Beim Üben von Wassereinsprüngen weiß der erfahrene Ausbilder, dass der Sprung ins Wasser den Schwung des Pferdes erheblich bremst. Daher werden die Pferde grundsätzlich nur in ruhigem Tempo an Wassereinsprünge gebracht, um dem Pferd die Balance zu erleichtern. Die Anforderungen müssen entsprechend niedrig sein, um dem jungen Pferd Vertrauen zu geben.

Das Kennenlernen von Gräben erfolgt ebenso systematisch. Kleine Übungen an trockenen Gräben werden wieder mit Hilfe eines Führpferdes durchgeführt. Wie bei der Einführung neuer Hindernisse, wird auch hier dem Pferd aus dem Schritt heraus der Graben gezeigt. Ist das Pferd bei den ersten Versuchen ängstlich, so ist Geduld und Konsequenz, nicht der Zwang, die richtige Ausbildungshilfe. Gerade bei Gräben hat sich gezeigt, dass kleinste Anforderungen das Vertrauen erhöhen, während eine Überforderung zu Spannungen, Angst und Widersetzlichkeiten führen kann.
Ist genügend Sicherheit beim Springen von Geländehindernissen und beim Überwinden von Bodenunebenheiten und leichten Hängen vorhanden, kann mit dem Üben von Auf- und Absprüngen begonnen werden. Wie beim Walltraining der Springausbildung werden zunächst Geländestufen ohne Hindernisse ausgesucht, die das Pferd spielerisch überwinden kann. Mit zunehmender Sicherheit werden niedrigere Hindernisteile hinzugenommen.

Das Kennenlernen von verschiedenen Hindernisarten ist für das Reiten von Vielseitigkeitsprüfungen Grundvoraussetzung.

Grabensprünge ▶

▼ Bürste

◀ Auf- und Absprünge

▼ Baumstämme

Hindernisse gegen den Hang werden aus dem etwas erhöhten Tempo angeritten, dabei muss das Pferd sicher an den Hilfen des Reiters stehen. Tiefsprünge und an Hangneigungen stehende Hindernisse hingegen werden aus einem ruhigeren Tempo, je nach Gegebenheiten auch aus dem Trab überwunden.

Die Geländeausbildung muss mit der dressur- und springmäßigen Grundausbildung Hand in Hand gehen. Die Aufgaben im Gelände sollten mit den Anforderungen des dressur- und springmäßigen Trainings vergleichbar sein. Nur eine allmähliche Steigerung der Übungen in allen 3 Disziplinen wird die Durchlässigkeit und sichere Kontrolle über das Pferd, wie auch dessen Geschicklichkeit und Geschmeidigkeit fördern. Ein abwechslungsreiches Training schützt vor Eintönigkeit, einseitiger Belastung und Abstumpfung.

Zur Vorbereitung für Vielseitigkeitsprüfungen, für Jagden, Wanderritte oder auch längere Ausritte müssen die Pferde einem **Konditionstraining** unterzogen werden. Das Geländereiten kann je nach Intensität erholsam, aber auch anstrengend sein. Es ist unreiterlich und gefährdet die Gesunderhaltung, wenn wenig konditionierte Pferde plötzlich und unvorbereitet geritten werden. Ein verantwortungsvoller Reiter erfühlt, an welche Leistungsgrenzen er sein Pferd führen darf. Neben den Trainingseinheiten sollten zur Entspannung regelmäßig auch Spazierritte ohne größere Leistungsanforderungen durchgeführt werden.

Die Kondition des Pferdes wird durch das Reiten in ruhigem Tempo über längere Strecken in allen 3 Gangarten verbessert. Es folgt eine allmähliche Steigerung der Galoppreprisen, mit dazwischenliegenden Verschnaufpausen im Trab und Schritt. Das Galopppensum wird in einem ruhigen Arbeitsgalopp (ca. 350 bis 400 m pro Minute) geritten. Die Aufteilung in mehrere Intervalle ergibt einen höheren Trainingseffekt und schont zugleich die Pferdebeine. Auf schnelles Galoppieren ist das Pferd durch geeignetes Training vorzubereiten.

Tempoerhöhungen, so genannte Sprints, können zunächst über 1/2 bis maximal 1 Minute ausgedehnt werden, um dann langsam zum Arbeitsgalopp zurückzukommen. Diese Galoppintervalle sollten die Dauer von ca. 3 Minuten nicht überschreiten und ausschließlich auf geeignetem, möglichst ebenem Boden durchgeführt werden.

Das Üben des Renngalopps und der Rennbahnhindernisse ist nur in der Vorbereitung auf große Vielseitigkeitsprüfungen notwendig. Eine Hecke mit vorgelegter Absprungmarkierung ist auf einem geeigneten Geläuf am besten dazu geeignet. Der Reiter wird nach ruhigem Aufgalopp zunächst dem Pferd das Hindernis zeigen. Aus einem verminderten Tempo von ca. 500 m pro Minute werden die ersten Übungssprünge angeritten, wobei der Reiter das Pferd so wenig wie möglich stört. Im weiteren Verlauf der Ausbildung kann das Tempo kurzfristig bis an das in der Prüfung geforderte Rennbahntempo erhöht werden (ca. 600 bis 640 m pro

Bürstensprung

Minute). Zieht das Pferd die Rennbahnhindernisse rhythmisch an und lässt sich über die Hindernisse „fliegen", wird dieses Training nur im Bedarfsfall (Prüfungsvorbereitung) durchgeführt.

Das Vielseitigkeitsreiten wird als „Krone der Reiterei" bezeichnet. Es bedarf neben dem talentierten Pferd eines gefühlvollen, geduldigen und beherrschten Reiters, der sich mit den drei Disziplinen intensiv und gewissenhaft auseinander setzt. Die Ausbildung des Vielseitigkeitspferdes muss besonders abwechslungsreich gestaltet werden, um die Anforderungen in der Dressur, im Springen und im Gelände bewältigen zu können.

4.8 Ausbildung von Pferden mit Gebäude- und Temperamentsfehlern

Die Pferde, die heute für den Reitsport gezüchtet werden, sind dank der gezielten Selektion und Veredelung so ausgeglichen und den Wünschen des Reiters entgegenkommend, dass nur in seltenen Fällen exterieurbedingte oder charakterliche Mängel zu verzeichnen sind. Sollten sie doch noch gelegendlich vorkommen, so muss der oberste Grundsatz neben der Erfahrung des Ausbilders die Geduld sein.

Bei Pferden mit Gebäudefehlern ist es besonders wichtig, vor jeder Korrektur vollkommene Losgelassenheit zu erreichen. Arbeit an der Longe oder Freispringen und auch das Reiten im Gelände sind dafür meistens das geeignete Mittel. Das Gleiche gilt für falsch ausgebildete und damit nicht richtig bemuskelte Pferde.

Merke:

Mängel an den Gliedmaßen sind durch reiterliche Arbeit kaum beeinflussbar.

Rückenmängel führen zu Problemen, die allerdings durch reiterliche Einwirkung wesentlich gemildert oder gar beseitigt werden können. Der zu lange Rücken des Pferdes, besonders wenn auch noch eine schwache Lendenpartie vorhanden ist, erschwert das Herantreten der Hinterhand an den Schwerpunkt. Die Hinderhand wirkt in solchen Fällen schleppend oder zu wenig unterfußend. Durch eine verstärkte Gymnastizierung der Rückenmuskulatur, insbesondere durch das „Zügel-aus-der-Hand-kauen-lassen", die Bodenrickarbeit und das Bergauf- und Bergabreiten im Gelände kann die Schub- und Tragkraft der Hinterhand verbessert werden. In der dressurmäßigen Grundausbildung wird das Reiten von häufigen Übergängen mit entsprechenden halben und ganzen Paraden die Geschlossenheit bis zu einem gewissen Grade fördern können.

Bei einem zu kurzen Rücken kann es schwer sein, die gewünschte Geschmeidigkeit zu erlangen. Diese Pferde wirken häufig gut versammelt, lassen sich aber nur schwer biegen. Der Reiter sitzt in der Regel auf einem festen Rücken, der hart und unangenehm wirkt, während die Beine des Pferdes übermäßig strapaziert werden. Bei einem solchen Pferd sollte in einer möglichst gedehnten, jedoch nicht zu tiefen Halshaltung, vor allem auf gebogenen Linien geritten werden, um den Rücken, so gut es geht, zum Schwingen zu bringen. Auch hier sind neben der dressurmäßigen Gymnastizierung Bodenrickarbeit, Springgymnastik und Geländereiten gute Ausbildungsmethoden, durch die auf längere Sicht das Bestmögliche erreicht werden kann.

Überragt die Kruppe des Pferdes den Widerrist, so spricht man von einem überbauten Pferd. Bei diesem Exterieurmangel liegt das Problem in der Schwierigkeit beim Untertreten und Versammeln. Dem Reiter wird es in den meisten Fällen schwer fallen, die Hinterbeine entsprechend zu engagieren. Der Reiter hat das Gefühl des „Bergabreitens". Auch hier hilft nur eine langwierige Gymnastizierung mit dem Reiten von vielen Übergängen, um die Balance, Selbsthaltung und Versammlung allmählich zu verbessern.

Ein besonderes Problem geben dem Reiter Pferde mit **falsch bemuskeltem Hals** auf, die meistens auch gleichzeitig Probleme in der Rückentätigkeit aufweisen. Durch eine konsequente Gymnastizierung und Umformung der Muskulatur sind diese Schwierigkeiten in der Regel zu beseitigen. Sie sind aber zeitaufwändig und erfordern Geduld.
Versuchen diese Pferde, sich in der dressurmäßigen Arbeit nach oben herauszuheben und den Unterhals herauszudrücken, so kann ein stärkeres Durchstellen momentweise erfolgen. Danach muss der Reiter jedoch sofort mit nachgebenden Zügeln das Pferd wieder an die Senkrechte herantreiben. Besonders die Arbeit auf gebogenen Linien (z.B. Zirkel, Schlangenlinie) wird die Rückentätigkeit des Pferdes verbessern. Diese Übungen dürfen aber nicht so weit ausgedehnt werden, dass beim Pferd Widerstand oder gar Widersetzlichkeit provoziert wird.

Merke:

Bei allen Problempferden muss Rücksicht auf die körperlichen Mängel und Schwächen genommen werden. Das kompromissbereite Ausbilden führt immer zum besseren Erfolg.

Pferde mit **engen Ganaschen** können Probleme in der Anlehnung und Genickbiegung haben. Sie müssen über einen längeren Zeitraum in Dehnungshaltung gearbeitet werden, bis eine möglichst günstige Lage der unteren Halsmuskulatur und der Ohrspeicheldrüse erreicht wird.

Temperamentsfehler sind oftmals schwerer zu korrigieren als Gebäudefehler. Sie haben allerdings häufig ihre Ursache in falschem Umgang und falscher, überfordernder Ausbildungsarbeit. Diese Pferde wurden in der Gewöhnungsphase oder beim anfänglichen Einsatz im Sport überfordert. Die Neigung zur Aufregung und Heftigkeit resultiert dann aus dem Gefühl der Angst und Unsicherheit, die durch die schlechten Erfahrungen geprägt wurden.
Eine genaue Überprüfung der bisherigen Ausbildung, der Umgebung und der Angstfaktoren wird helfen, die Gründe hierfür zu verstehen und ggf. abzustellen. Ist dieser Temperamentsfehler nicht angeboren, so wird ein besonders erfahrener Ausbilder das Vertrauen des Pferdes relativ schnell wiederherstellen können.
Pferde mit angeborenen nachhaltigen Temperaments- und Charakterschwierigkeiten sollten, wenn überhaupt, nur von routinierten und feinfühligen Reitern geritten werden. ■

KAPITEL 5

Gewöhnung des Pferdes an den Turniersport

5.1. Wettkampforientierte Ausbildung und Vorbereitung

Der Besuch von Turnieren und die Teilnahme an Wettbewerben muss sorgfältig geplant werden. Für das junge Pferd ergeben sich auf dem Turnierplatz ungewohnte Situationen wie zum Beispiel Musik, Zuschauer und viele andere ablenkende Umstände. Es wird neben der Leistungsüberprüfung somit auch einer Belastungsprobe unterzogen, die dem Reiter wichtige Anhaltspunkte für die weitere Arbeit zu Hause gibt.

Die Auswahl des richtigen Turnierplatzes und der passenden Prüfung ist daher von entscheidender Bedeutung. Bei den ersten Starts muss, insbesondere zwischen dem Eintreffen auf dem Turnierplatz und der eigentlichen Wettkampfvorbereitung, genügend Zeit und Ruhe eingeplant werden.

Das ordentliche Herausbringen des Pferdes und des Reiters ist für alle Wettbewerbe und Prüfungen eine Selbstverständlichkeit (siehe LPO). Die Turnierteilnahme kann auch ohne Sieg zum Erfolg werden, wenn die zu reitenden Aufgaben, dem Ausbildungsstand von Reiter und Pferd entsprechend, weitestgehend korrekt und harmonisch bewältigt wurden. Daher müssen die auf dem Turnier verlangten Anforderungen zu Hause geübt werden, um keine allzu großen Überraschungen im Wettkampf zu erleben. Es hat sich als richtig erwiesen, zunächst in einer Klasse tiefer zu starten, als es dem eigentlichen Ausbildungsstand entspricht. Dadurch wirken die Aufgaben auf dem Turnier einfacher und es wird kein zusätzlicher Leistungsdruck erzeugt.

Merke:

Geübt wird zu Hause und nicht auf dem Turnierplatz.

Zur Gewöhnung des Pferdes an den Turniersport sollten einige Grundlagen zu Hause erarbeitet werden, gleichgültig, ob das junge Pferd in einer Reitpferde-, Eignungs-, Dressurpferde-, Springpferde oder Geländepferdeprüfung gezeigt werden soll. Dazu ist es notwendig, dass das Pferd mit dem Verladen und Transportieren vertraut gemacht wird.

Vor dem ersten Turnierstart sollte dies einige Male in Ruhe geübt werden. Gelingt das Verladen des Pferdes ohne Probleme, ist das Transportieren zu anderen Übungsplätzen ohne Turnieratmosphäre eine gute weitere Vorbereitung. Das Reiten auf fremden Plätzen fördert das Vertrauen des Pferdes und gibt dem Reiter Hinweise, wie sich das junge Pferd in einer Wettkampfsituation zurecht finden wird.
Empfehlenswert ist auch das Reiten auf Turnierplätzen in der Woche nach der Veranstaltung. Meist bleiben die bunt geschmückten Hindernisse, Dressurvierecke, Zelte etc. noch 1-2 Tage lang aufgebaut. Nach Absprache mit dem Veranstalter ist es eigentlich kein Problem, auf dem Wettkampfviereck zu trainieren oder einen kleinen Übungsparcours auf dem Springplatz oder der Geländestrecke zu absolvieren. Bei diesen Gelegenheiten kann ein erfahrenes, abgeklärtes Turnierpferd als „Führpferd" sehr hilfreich sein.

Allerdings kann nicht deutlich genug betont werden, dass der eigentliche Turniereinsatz doch immer mit einer gewissen Unruhe verbunden ist. Daher sollte das Verladen zum Turnier, gerade bei den ersten Malen, immer frühzeitig und mit genügend Ruhe erfolgen.

Auf dem Turnierplatz muss das junge Pferd, trotz aller Vorbereitungen, noch mit einer Reihe neuer Umstände und Gegebenheiten fertig werden, die sich im Vorfeld nur schwer simulieren lassen. Dazu gehören der Hängerplatz mit vielen verschiedenen Pferden und Menschen, Lautsprecheransagen, Musik, Fahnen etc. Für die meisten Pferde ist dies gewöhnungsbedürftig. Langes Schritt Reiten oder

Nach guter Vorbereitung überwindet das junge Pferd in der Geländepferdeprüfung vertrauensvoll ein Wasserhindernis.

auch ruhiges Ablongieren hilft dem jungen Pferd, sich auch in der fremden Umgebung zu entspannen.

Der Besuch eines Turniers ohne an einer Prüfung teilzunehmen kann hier für Reiter und Pferd eine weitere wertvolle Erfahrung zur Gewöhnung an den Turniersport sein.

5.2 Basis und Aufbauprüfungen

Je nach Veranlagung des Pferdes und der Zielsetzung des Reiters gibt es eine Reihe verschiedener Basis- und Aufbauprüfungen, die speziell auf die jungen Pferde bzw. Ponys (alle Aufgaben gelten auch für Ponys) und deren vielseitige Ausbildung zugeschnitten sind. Folgende Tabelle gibt einen Überblick über die Prüfungsarten und das Zulassungsalter der Pferde. Die dazugehörenden Anforderungen sind den gültigen Bestimmungen der LPO und dem Aufgabenheft zu entnehmen.

Übersicht: Basis- und Aufbauprüfungen

Alter des Pferdes in Jahren / Prüfung	3	4	5	6	7
Reitpferdeprüfungen	x ab 1. Mai des Jahres	x			
Eignungsprüfungen		x	x	x	
Eignungsprüfung mit Teilprüfung Gelände		x	x	x	
Dressurpferdeprüfungen		Kl. A und L	Kl. A bis M	Kl. A bis M Kl. A nur 6-jährige unplatzierte	Kl. M, nur, wenn in Kl. M/B und höher unplatziert
Springpferdeprüfungen		Kl. A ab 1. Mai des Jahres	Kl. A bis M	Kl. A bis M Kl. A nur 6-jährige unplatzierte	Kl. M, nur, wenn in Kl. M/B und höher unplatziert
Geländepferdeprüfung		Kl. A	Kl. A und L	Kl. A bis M Kl. A nur 6-jährige unplatzierte	nur Kl. M
Jagdpferdeprüfungen			Kl. A und L	Kl. A bis S	Kl. A bis S (auch für ältere Pferde)

Alle Prüfungen gelten auch für Ponys! X = Teilnahme erlaubt

Die Teilnahme an **Reitpferdeprüfungen** ist für drei- und vierjährige Pferde oder Ponys erlaubt. Ob es sinnvoll ist, ein dreijähriges Pferd schon in Reitpferdeprüfungen einzusetzen, hängt in erster Linie von der Entwicklung des Pferdes ab.

Viele Pferde sind in diesem Alter noch sehr im Wachstum und für einen Turniereinsatz oft noch nicht reif. Sie sind weder psychisch noch körperlich genügend gefestigt und stabil.

Manche Pferde sind aber durchaus dreijährig schon interieurmäßig und auch reiterlich so weit entwickelt, dass einige wenige Turniereinsätze in Reitpferdeprüfungen keine Schwierigkeiten verursachen, sondern sogar für die weitere Entwicklung, Ausbildung und Erziehung förderlich sind.

Diesbezüglich muss sich jeder Ausbilder und Reiter gewissenhaft Gedanken machen, um die richtige Entscheidung zu treffen.

Merke:

Lieber mit dem ersten Turniereinsatz etwas länger warten, als durch einen zu frühen Start Ausbildungsprobleme zu verursachen.

In der Reitpferdeprüfung beurteilen die Richter die natürlichen Bewegungen des Pferdes in den drei Grundgangarten, den Typ und die Qualität des Körperbaus sowie den Gesamteindruck im Hinblick auf die korrekt begonnene Ausbildung zum Reitpferd und seine Gymnastizierung.

Als Voraussetzung für eine Teilnahme an Reitpferdeprüfungen müssen bei dem jeweiligen Pferd Balance und Losgelassenheit unter dem Reiter in allen drei Grundgangarten schon recht gefestigt sein. Obwohl die Rittigkeit des Pferdes eine untergeordnete Rolle spielt, sollte es relativ sicher auf die treibenden und verhaltenden Hilfen reagieren und auf beiden Händen im Handgalopp angaloppieren können.

Das Gehen in einer Abteilung, egal in welcher Position, sollte für das Pferd ohne Aufregung möglich sein. Solche Situationen können und sollten zuhause geübt werden, ergeben sich aber eigentlich aus gutem Gerittensein bzw. aus innerer und äußerer Losgelassenheit.
Auch das Vormustern des Pferdes an der Hand im Stehen bzw. im Schritt oder evtl. im Trab muss entsprechend eingeübt sein.

Eignungsprüfungen zielen auf die Überprüfung der vielseitigen Grundausbildung des Pferdes ab. Neben der Rittigkeit, der Bewegungsqualität und dem Temperament wird auch das Springen überprüft. Bei Eignungsprüfungen mit der Teilprüfung Gelände wird zusätzlich das Verhalten im Gelände (mit Überwinden kleiner Geländehindernisse) geprüft.

Um an Eignungsprüfungen teilzunehmen, müssen Pferde mindestens vier Jahre alt sein und schon über eine etwas höhere Rittigkeit bzw. Durchlässigkeit verfügen. Die Prüfung besteht aus einer einfachen Dressuraufgabe (gemäß Aufgabenheft Reiten national, R1-R3) und einem kleinen Parcours mit 4–6 Hinternissen.

In **Dressurpferdeprüfungen** werden auch schon vermehrt dressurmäßige Lektionen abgefragt; die Anforderungen richten sich nach der jeweiligen Klasse (A, L oder M). Bei der Beurteilung wird nicht nur die Rittigkeit, die Qualität der Grundgangarten sowie der Gesamteindruck als Dressurpferd bewertet, vielmehr soll überprüft werden, ob sich das Pferd ausbildungsmäßig auf dem richtigen Weg befindet.

Dressurpferdeprüfungen werden in der Regel einzeln (nur in Ausnahmefällen zu zweit) geritten. Das bedeutet, dass das junge Pferd schon über ein recht hohes Maß an Durchlässigkeit und Gehorsam verfügen muss. Pferde, die im Training die geforderten Lektionen noch nicht sicher beherrschen und nicht willig alleine im Viereck gehen, sollten in diesen Prüfungen noch nicht eingesetzt werden.

Die Aufgaben für die jeweiligen Klassen sind dem Aufgabenheft zu entnehmen. Für die einzelnen Klassen (A, L und M) sind verschiedene Richterbögen entwickelt worden, die den Richtern als Leitfaden der Beurteilung dienen und mit dem entsprechend ausgefüllten Protokoll dem Reiter bzw. Ausbilder wertvolle Hinweise für den jeweiligen Ausbildungsstand und vor allem hinsichtlich der weiteren Ausbildung liefern.

Springpferdeprüfungen werden in den Klassen A, L und M ausgeschrieben, die Bewertung erfolgt in Form einer Note nach den Kriterien Rittigkeit und Springmanier. Für das Kriterium Rittigkeit wird die Wahl des Grundtempos, die Regulierbarkeit sowie die Wendigkeit beurteilt, für das Kriterium Springmanier die Anpassungsfähigkeit, die Bascule sowie die Beintechnik. Bei einigen speziellen Ausschreibungsmöglichkeiten werden gegebenenfalls auch Strafpunkte von der Wertnote abgezogen.

Wie alle Basis- und Aufbauprüfungen sind auch die Springpferdeprüfungen hervorragend geeignet, das noch junge Pferd an den Turniersport heranzuführen. Die Pacours sind in der Regel sehr fair und einladend aufgebaut und die Zeit spielt eine untergeordnete Rolle. So kann der Reiter das junge Pferd ruhig und behutsam an jeden Sprung heranreiten. Lange Linien geben dem jungen Pferd genügend Raum, zwischen den Sprüngen wieder sicher an die Hilfen des Reiters zu kommen.

Isabell Werth, international erfolgreiche Dressurreiterin, 3x Mannschaftsgold, 1x Einzelgold, 2 x Einzelsilber bei Olympischen Spielen

„Das Verhalten und die Reaktionsfähigkeit eines jungen Pferdes auf Turnierplätzen, auf dem Abreiteplatz, im Viereck, während der Prüfung oder auch nur im Stall (Fressverhalten) geben mir erste Hinweise auf die Leistungsfähigkeit und die „innere Einstellung" des Pferdes unter besonderen Umständen und Situationen. Es ist ein gegenseitiges Abtasten, kennen lernen und Zusammenwachsen; man horcht in das Pferd hinein und versucht Sicherheit und Vertrauen zu geben. Allein die konzentrierte Vorbereitung und der Lerneffekt auf dem Turnier lassen das junge Pferd reifen. Man kann Prüfungssituationen zu Hause einfach nicht simulieren. Deshalb sind die ersten „Gehversuche" für mich immer mit sehr großer Vorfreude und Spannung verbunden. Auch wenn das Ergebnis zunächst nur eine untergeordnete Rolle spielt, werden letztlich erste Weichen gestellt. Man sollte also mit einem freudigen und guten Gefühl zum Turnier fahren, denn positive wie negative Erlebnisse treffen jeden frühe oder später. Beide müssen daraus lernen und es für die Zukunft richtig umsetzen. Das macht die Ausbildung gerade so faszinierend und spannend."

In der Regel werden die Prüfungen nach Alter der Pferde geteilt. Für die Vierjährigen werden die Anforderungen dann meistens noch heruntergesetzt und es ist gestattet die Parcoursbesichtigung zu Pferde durchzuführen.

Geländepferdeprüfungen werden ebenfalls in den Klassen A, L und M ausgeschrieben. Es werden die Rittigkeit, Springmanier und das Galoppiervermögen bewertet, ausgedrückt in einer Wertnote abzüglich der Strafpunkte.
Diese Prüfungen finden genau wie Stil-Geländeritte auf einem überschaubaren Platz mit entsprechend einsehbaren Hindernissen statt, sodass die Richter ein angemessenes Urteil geben können. Die Prüfungen sind bestens geeignet, junge Vielseitigkeitspferde schrittweise mit dieser Disziplin vertraut zu machen, ohne gleich hohe Anforderungen an Technik und Kondition stellen zu müssen, wie es zwangsläufig in einer reinen Vielseitigkeitsprüfung der Fall wäre.

In **Jagdpferdeprüfungen** (Klasse A-S) werden Rittigkeit, Springmanier und Galoppiervermögen sowie der Gesamteindruck als Jagdpferd/-pony, ausgedrückt in einer Wertnote abzüglich der Strafpunkte, beurteilt. Bei den für eine Platzierung in Frage kommenden Pferde/ Ponys wird darüber hinaus das Verhalten im Jagdfeld überprüft.
Sie überwinden nach Weisung der Richter einen Teil der Jagdstrecke in geschlossenen Gruppen von wenigstens vier Reitern mit wiederholtem Wechsel des Anfangreiters.

Bevor der Start in so einer Prüfung geplant wird, sollte also auf jeden Fall das Reiten in einer Gruppe im Galopp geübt werden.

Einzelheiten zur Bewertung können im FN-Handbuch Pferdesport, Teil II Kap. 3 nachgelesen werden.

Weitere praktische Tipps zum spannungsfreien Turniereinsatz des jungen Pferdes

- ☞ das Turnier zeitlich genau durchplanen, damit der Reiter selbst nicht in Hektik gerät und dadurch Stress erzeugt wird, der sich auf das Pferd überträgt und Spannungen hervorrufen kann
- ☞ der Reiter sollte vorher die Bedingungen des Turnierplatzes abklären:
  - wie sind die Bodenverhältnisse
  - ist genug Platz zum Longieren vorhanden
  - kann man in den Prüfungspausen auf den Prüfungsplätzen reiten
  - findet eine Gelände-, Parcoursbesichtigung zu Pferde statt, etc.
- ☞ der Reiter sollte möglichst eine Begleitperson mitnehmen, die Hilfestellung beim Verladen, Trensen, Satteln, Longieren, Führen, Abreiten etc. leisten kann
- ☞ das Pferd sollte auf dem Turniergelände so wie immer gearbeitet werden; der Reiter sollte nicht aufgrund ungewöhnlicher Situationen und Reaktionen des Pferdes die Grundregeln der Ausbildung über Bord werfen
- ☞ der Reiter sollte nicht am Turniertag andere Zäumungen, Sättel oder sonstige Hilfsmittel, (Gerte, Sporen etc.) als im Training verwenden, das Pferd könnte unnötig irritiert werden
- ☞ falls das Pferd auf bestimmte Objekte, z.B. Richtertisch am Dressurviereck, beunruhigt reagiert, sollte der Reiter das Pferd damit nicht direkt frontal konfrontieren, sondern sich allmählich seitlich (z.B. durch Schultervor) nähern
- ☞ das Turnier sollte für das Pferd mit einem positiven Abschluss verbunden sein, viel loben, in Ruhe trockenreiten, grasen lassen, evtl. abspritzen und putzen sind hier hilfreich

Stichwortverzeichnis

Stichwortverzeichnis

Deutsche Reiterliche Vereinigung

Die Deutsche Reitlehre

Der Reiter

Der Teil 1 - Der Reiter - behandelt die Ausbildung des Reiters und vermittelt alle notwendigen Kenntnisse und Fertigkeiten vom richtigen Sitz über die Einwirkung des Reiters bis hin zur korrekten sowie gefühlvollen Hilfengebung für das Dressur-, Spring- und Geländereiten. Die Grundzüge der Geschichte der Reiterei sowie Zitate von anerkannten Ausbildern und international erfolgreichen Reitern vervollständigen diesen Band und unterstreichen die Tradition und Bedeutung der klassischen Grundausbildung.

1. Auflage 2000, 176 Seiten,
über 200 farbige Fotos und Zeichnungen,
Format 190 x 250 mm, gb.

ISBN 3-88542-334-0

ISBN 3-88542-262-X

Deutsche Reiterliche Vereinigung

Richtlinien Bd. 1:

Grundausbildung für Reiter und Pferd

27. Auflage 2000,
232 Seiten, zahlr. Abb.,
Format 148 x 210 mm, kt.

ISBN 3-88542-283-2

Deutsche Reiterliche Vereinigung

Richtlinien Bd. 2:

Aubildung für Fortgeschrittene

13. Auflage 2001, 280 Seiten, zahlr. Abb.,
Format 148 x 210 mm, kt.

ISBN 3-88542-283-2

Deutsche Reiterliche Vereinigung

Richtlinien Bd. 3:

Voltigieren

Neuauflage in Vorbereitung,
Format 148 x 210 mm, kt.

Deutsche Reiterliche Vereinigung
Richtlinien Bd. 4:
Haltung, Fütterung, Gesundheit und Zucht

10. Auflage 1999,
344 Seiten, zahlr. Abb.,
Format 148 x 210 mm, kt.

ISBN 3-88542-284-0

ISBN 3-88542-285-9

Deutsche Reiterliche Vereinigung
Richtlinien Bd. 5:
Fahren

7. Auflage 2002, 160 Seiten, zahlr. Abb.,
Format 148 x 210 mm, kt.

Deutsche Reiterliche Vereinigung
Richtlinien Bd. 6:
Longieren

7. Auflage 1999,
120 Seiten, zahlr. Abb.,
Format 148 x 210 mm, kt.

ISBN 3-88542-362-X

Michael Strick

DENK-SPORT Reiten

Die faszinierende Logik der Ausbildungsskala

Denk-Sport Reiten. Das Rezept der weltweiten anerkannten deutschen Reitsporterfolge, das die sechs Stufen der Ausbildungsskala beinhaltet, wird erstmalig logisch und überzeugend erklärt: Nicht, das es nur so und nicht anders geht, sondern warum es nur so und nicht anders geht. In lockerem Sprachstil und durch aufschlussreiches Bild- und Fotomaterial wird dieses anspruchsvolle Thema aufbereitet.

ISBN 3-88542-365-0

1. Auflage 2001, 144 Seiten
mit farbigen Fotos und Zeichnungen
Format 190 x 250 mm, gb.

Ariane Pourtavaf/
Herbert Meyer

Die Brücke zwischen Mensch und Pferd

Verständigung – Auseinandersetzung - Zusammenarbeit

Wie muss das Verhältnis zwischen Mensch und Pferd sein, damit das Pferd sich für die Signale des Menschen und die reiterlichen Hilfen interessiert, diese versteht und umsetzen kann? - Mit diesem Thema beschäftigen sich der Bundestrainer Herbert Meyer und die Reitlehrerin Ariane Pourtavaf und erläutern diese Grundregeln der Verständigung Mensch - Pferd anhand von Beispielen aus ihrer Praxis, konkreten Anleitungen und Fotoserien: Eine Aufforderung an den Menschen, bewusster mit einigen Grundvoraussetzungen des Reiters und des Umgangs mit dem Pferd umzugehen. Eine Hilfe also für jeden Pferdefreund, die Harmonie zwischen ihm und seinem Pferd zu verbessern sowie eigene Fehler erkennen und abstellen zu können.

2. Auflage 2001, 160 Seiten,
über 280 farbige Fotos,
Format 190 x 250 mm, gb.

ISBN 3-88542-330-8

Helle Katrine Kleven

Physiotherapie für Pferde

Das Buch versteht sich als praktische Anleitung für vorbeugende Maßnahmen und sportmedizinische Behandlungen von Verletzungen und Verspannungen der Extremitäten und des Nacken- und Rückenbereichs bei Pferden mittels Massage- und Dehnungsübungen.

2. Auflage 2001, 144 Seiten
mit zahlreichen Fotos und Zeichnungen
Format 170 x 245 mm, gb.

ISBN 3-88542-348-0

Helle Katrine Kleven

Physiotherapie für Pferde

Praktische Anleitungen zur Massage und Dehnung

Dieses Video hat das Ziel, Ihnen die Anatomie Ihres Pferdes etwas näher zu bringen. Es soll Ihnen helfen, dass Sie Veränderungen am Bewegungsapparat frühzeitig erkennen und einfache Massage- und Dehnungsübungen gezielt ausüben können.

VHS-System, 40 Minuten

ISBN 3-88542-821-0

Wilfried Gehrmann
Doppellonge
eine klassische Ausbildungsmethode
Die Arbeit mit der Doppellonge dient zur Ausbildung, Korrektur und Leistungsverbesserung von Pferden jeden Alters und Leistungsstandes. Dieses Buch ist somit für alle Ausbilder sowie Dressur-, Springreiter und Fahrer ein unentbehrliches Nachschlagewerk.

1. Auflage 1998, 136 Seiten mit zahlreichen Fotos und Zeichnungen
Format 170 x 245 mm, gb.

ISBN 3-88542-327-8

Wilfried Gehrmann
Doppellonge (Video)
Ein Lehrfilm zur Ausbildung an der Doppellonge von Dressur-, Spring- und Fahrpferd mit Wilfried Gehrmann, dem Leiter der Landesreit- und Fahrschule Rheinland in Wülfrath. Ein unverzichtbarer Lehrfilm für jeden, der sein Pferd mit Hilfe der Doppellonge fördern will.

50 Min., VHS-System

ISBN 3-88542-580-7

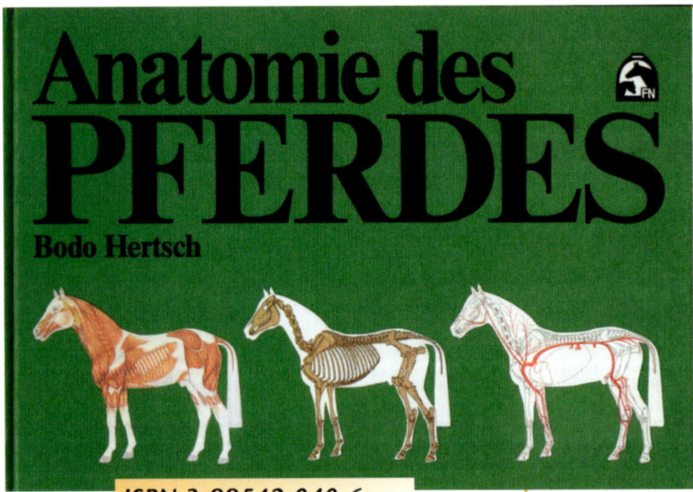

ISBN 3-88542-040-6

Hertsch, Prof. Dr. Bodo

Anatomie des Pferdes

Dieses Buch vermittelt in einfacher Form das notwendige Wissen um den Körperbau und die Lebensfunktionen als wichtige Voraussetzungen für die Erhaltung der Gesundheit des Pferdes. Die Grundlagen der Anatomie und des Bewegungsablaufes schaffen Verständnis für das sinnvolle Training der Pferde.

3. Auflage 2000, 100 Seiten
46 Abbildungen
Format 300 x 215 mm, gb.

Antje Rahn, Eberhard Fellmer

Pferdekauf heute

Zwei kompetente Fachautoren vermitteln umfassende Kenntnisse aus den Bereichen Veterinärmedizin und Juristerei und bieten somit dem potentiellen Pferdekäufer praktische Lebenshilfe und vielen Tierärzten und Juristen wertvolle Fachhinweise.

1. Auflage 1996, 208 Seiten,
zahlreichen Abbildungen,
Format 170 x 245 mm, gb.

Aktuell inklusive mit dem Sonderdruck „Das völlig neue Pferdekaufrecht" ab 1. Januar 2002

ISBN 3-88542-289-1